★교과 연계 초등 필독서 48권을 한 권에!★

책과 신문 읽고 쓰는

초등 탄탄 논술

오현선 글 · 피넛 그림

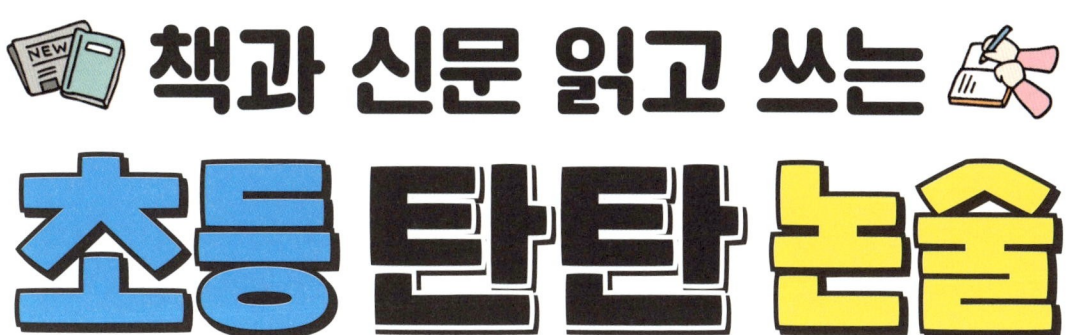

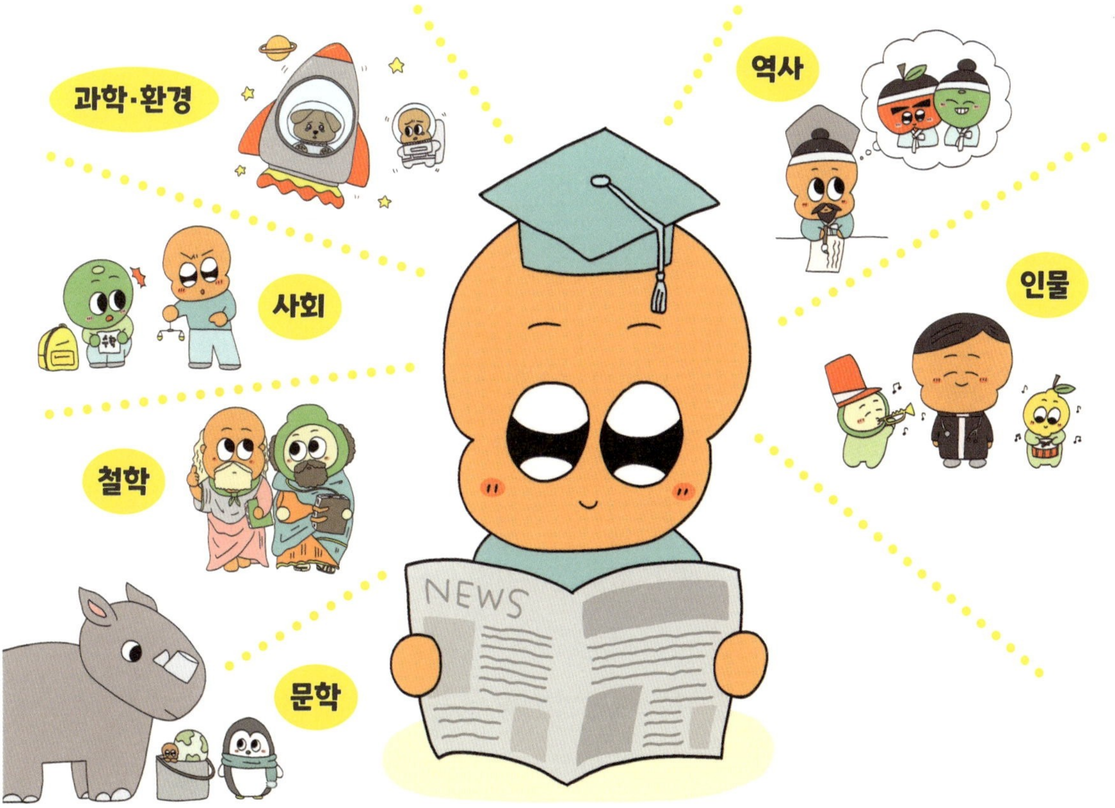
과학·환경
역사
사회
인물
철학
문학
NEWS

체인지업
CHANGEUP

 **이 책을 선택한 어린이들에게**

책과 뉴스를 읽고 쓰며
무한대로 키우는 생각 그릇

여러분, 반가워요! 저는 24년째 초등학생들과 함께 책을 읽어온 독서 선생님이에요. 독서 선생님은 어린이에게 좋은 책을 함께 읽자고 권하고, 또 어떻게 읽을지 도와주는 사람이지요.

그런데 오랜 시간 함께 책을 읽다 보니 매번 안타까운 상황을 마주해요. 학년이 올라갈수록 점점 책을 멀리하는 학생들을 보는 것이에요. 아이들이 책 읽기를 싫어한다기보다는 바쁜 일상 속에서 읽을 시간이 없는 경우가 많아 더욱 안타까운 마음이 들었어요. 책은 인간이 인간답게 살 수 있게 돕는 최소한의 양식이에요. 그런데 눈앞에 보이는 현재의 공부와 성적에 집중하느라 이 중요한 가치를 놓치고 있어요.

《책과 신문 읽고 쓰는 초등 탄탄 논술》은 바쁜 여러분이 최소한의 독서라도 하길 바라는 마음으로 썼어요. 여기서 소개하는 책을 알아가는 것만으로도 다양한 주제를 폭넓게 접할 수 있도록 한 권 한 권 정성스럽게 소개했답니다. 책 읽기를 좋아하는 어린이도, 좋아하지 않는 어린이도 재미있게 읽을 수 있는 책으로 고루 넣었어요.

여기에 소개한 초등 필독서를 고른 기준을 설명하기 위해 '인문학'에 대해 잠시 이야기할게요. 인문학은 인간과 삶에 대해 깊이 이해하기 위해 연구하는 학문이에요. 그리고 사람이 만들어가는 이 세계를 이해하게 도와주는 것이 바로 책이지요. 인문학과 세상을 이해하기 위해서는 문학부터 역사, 철학, 과학, 사

회, 인물 등 다양한 책을 읽어야 해요.

　문학은 허구적인 이야기로 인간의 심리와 갈등을 다루었고, 역사는 실제 우리가 살아온 모습을 알려 주는 분야예요. 철학은 진리를 탐구한 철학자들의 이야기를 담았고, 과학은 자연 세계에서 일어나는 거대한 원리를 알려 주지요. 사회는 말 그대로 우리가 사는 이 세상을 이해할 수 있게 도와주는 분야이며, 인물은 세상에 큰 영향력을 미친 사람들의 이야기를 담았어요. 즉 모든 책은 '사람'에 대해 이야기하고 있으며, 독서는 결국 인간에 대한 탐구이자 '우리 모두 잘사는 법'에 대한 고민이지요.

　《책과 신문 읽고 쓰는 초등 탄탄 논술》을 통해 여러분은 총 48권의 책을 알게 될 거예요. 이 책들을 모두 다 읽지 못하더라도 읽기 쉽게 정리된 '한 장 초등 필독서'로 핵심 내용과 주요 내용을 알 수 있어요. 그리고 사회에서 실제 일어나는 사건과 논의를 다룬 '필독서와 함께 읽는 뉴스'를 통해 책과 기사를 연계해 더 깊고 폭넓게 생각하는 법을 배워요. 또 그것을 나만의 글쓰기로 풀어내는 과정을 거치면, 여러분의 생각 그릇은 무한대로 넓어질 거예요. 지금부터 책 속 지식을 세상과 연결하는 특별한 여정을 시작해 보세요.

 이렇게 활용해요

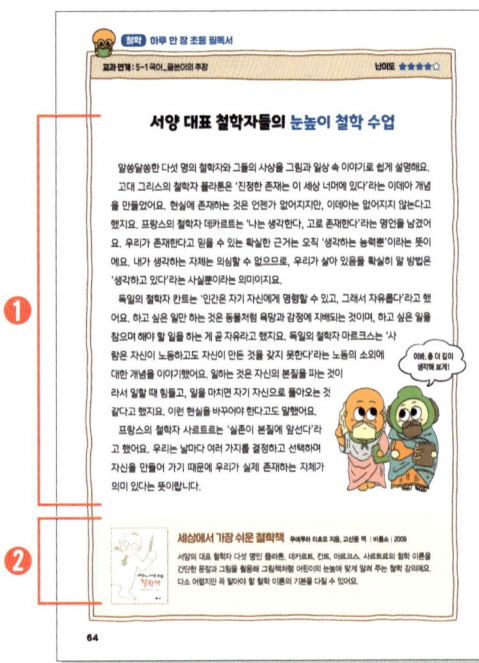

❶ 한 장으로 정리된 초등 필독서 읽기
- 초등학생이 꼭 읽어야 할 교과 연계 필독서 48권을 뽑아 정리했어요.
- 책 한 권당 한 장으로 요약한 소개 글을 통해 핵심 내용을 한번에 파악해요.

❷ 책 제목과 표지 확인하기
- 필독서의 제목과 표지 및 지은이 등 자세한 책 정보를 확인해요.
- 간략하게 요약된 줄거리를 통해 어떤 책인지 쉽게 파악해요.

❸ 책과 연계된 주제의 뉴스 읽기
- 책에서 다룬 주제를 신문 기사라는 실제 사례와 연결하며 배경지식을 넓혀요.
- 기사를 읽으며 책의 관점과 비교하거나 대조함으로써 비판적 사고력을 길러요.
- 특정 저자의 관점에서 서술되는 책과 달리, 기사를 통해 다양한 시각으로 주제를 바라봐요.

❹ '어휘 톡톡'으로 필수 어휘 익히기
- 기사에 등장하는 어휘의 정확한 뜻을 확인해요.
- 어휘의 뜻을 이해하고 기사의 전체 내용을 명확하게 파악해요.

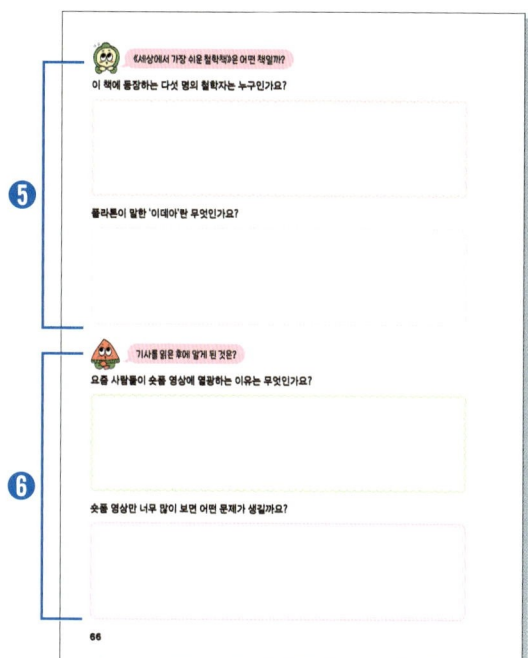

❺ 책 내용 확인하기
- 소개한 책의 주요 내용을 파악하고, 알게 된 내용을 글로 써요.

❻ 기사 내용 확인하기
- 기사를 통해 알게 된 주요한 정보를 집중해서 살펴보고, 알게 된 내용을 글로 써요.

❼ 책과 기사를 통해 얻은 정보를 사회 문제에 적용하기
- 지금까지 알게 된 지식을 활용해 실제 사회에 도움이 될 만한 현실적인 답을 찾아요.

❽ 실생활에 연결할 부분 찾기
- 실생활에 연관된 자신만의 의견을 만들어내고, 더 나아가 토론 능력까지 키워요.

❾ 라온쌤과 함께 나누는 책 이야기
- 논술 전문 라온쌤이 해당 필독서의 또다른 정보와 유념하여 읽어야 할 부분을 알려 줘요.

차례

이 책을 선택한 어린이들에게 **2**
책과 뉴스를 읽고 쓰며 무한대로 키우는 생각 그릇

이렇게 활용해요 **4**

초등 교과 연계&난이도 **10**

Book & News
1장 문학

1. 꽃들에게 희망을
무엇인지 모르는 곳을 향해 끊임없이
나아가는 애벌레 이야기 **18**
한국 학생들, 공부 잘하지만 흥미는 없다 **19**

2. 긴긴밤
노든과 치쿠의 희망과 용기의 여정 **22**
밀렵으로 위기에 처한 코뿔소 **23**

3. 마당을 나온 암탉
자유를 향한 끊임없는 날갯짓 **26**
세계를 치료하는 손길 '국경 없는 의사회' **27**

4. 오이대왕
권위적인 독재자, 오이대왕의 몰락 **30**
TV에 방영되는 불안한 가족의 모습 **31**

5. 이모의 꿈꾸는 집
내 꿈은 스스로 그리는 것 **34**
초등학생부터 시작되는 의대 열풍 **35**

6. 블랙아웃
한여름 도시에 발생한 정전! **38**
지구를 위한 한 시간, 어스 아워 **39**

7. 핵폭발 뒤 최후의 아이들
어느 날 찾아온 쉬벤보른의 비극 **42**
오래된 원자력 발전소, 과연 안전할까? **43**

8. 돌 씹어 먹는 아이
서로가 서로를 이해할 때 **46**
5월 22일은 가정 위탁의 날 **47**

Book & News
2장 철학

1. 아툭
복수와 용서의 가운데에서 **56**
나를 때린 친구들아, 잘 살고 있니? **57**

2. 자유가 뭐예요?
진정한 자유란 무엇일까? **60**
선생님께 함부로 구는 아이들 **61**

3. 세상에서 가장 쉬운 철학책
서양 대표 철학자들의 눈높이 철학 수업 **64**
숏폼의 시대, 생각하지 않는 사람들 **65**

4. 10대를 위한 정의란 무엇인가
세상에는 답이 없는 문제가 많다 **68**
부자들에게 세금을 더 걷는 나라들 **69**

5. 행복한 청소부
행복을 찾아 나선 청소부 **72**
행복한 사람들의 비밀은 무엇일까? **73**

6. 철학 안경
모른다는 것은, 생각한다는 것　76
미래의 학교, 세계를 캠퍼스로 만드는 대학　77

7. 트리갭의 샘물
영원한 삶은 축복일까, 저주일까?　80
젊음을 되찾기 위한 백만장자의 도전　81

8. 생각하는 것이 왜 중요할까요?
철학자들의 생각 엿보기　84
성형으로 유명한 한국, 외모보다 중요한 것은?　85

6. 어린이를 위한 신도 버린 사람들
정해진 운명대로만 살지 않을 거야!　114
세 번째 총리가 된 나렌드라 모디　115

7. 10대를 위한 돈으로 살 수 없는 것들
돈으로 살 수 있는 것과 없는 것　118
놀이공원 매직패스는 공정한가?　119

8. 공정무역 세계여행
소비하는 사람들, 고통받는 그들　122
아시아 최대의 공정 무역 지역, 한국　123

3장 사회

1. 좋은 정치란 어떤 것일까요?
많은 사람이 행복하기 위해 꼭 필요한 정치　94
북한이 띄워 보내는 '오물 풍선'　95

2. 검은 후드티 소년
백만 후디스 운동의 시작　98
경찰의 과잉 진압으로 숨진 흑인　99

3. 신나는 법공부!
생활 속 사건 사고로 배우는 법 지식　102
계속 늘어나는 촉법소년 범죄　103

4. 어린이 세계 시민 학교
지구마을에서 세계 시민으로 살아가는 법　106
'플라스틱 제로' 도시 만들기　107

5. 1+1이 공짜가 아니라고?
공짜인 듯 공짜가 아닌 상품의 진짜 가격　110
불티나게 팔리는 대용량 상품　111

4장 과학·환경

1. 나무를 심은 사람
숲을 만든 한 사람의 손길　132
쾌적한 도시 생활 환경을 만드는 도시숲　133

2. 생명, 알면 사랑하게 되지요.
신비롭고 아름다운 생명의 신비　136
학대받는 동물과 사랑받는 동물이 따로 있다?　137

3. 동물권
인간에게 끊임없이 학대당하는 동물들　140
청주시, 국내 1호 거점 동물원이 되다　141

4. 디지털 미래의 어두운 그림자, 전자 쓰레기 이야기
무심코 버린 전자 제품이 쓰레기가 될 때　144
수리가 어려운 전자 제품이 쌓이고 있다　145

5. 파브르 식물 이야기 1
놀랍고도 아름다운 식물의 세계　148
모란 잎이 자외선을 차단한다고?　149

6. 선생님, 인류세가 뭐예요?
위험한 지구를 지키는 새로운 시대, 인류세 **152**

도입하지 않기로 결정된 인류세 **153**

7. 라면을 먹으면 숲이 사라져
서로 이어져 있는 지구에 사는 모든 생명 **156**

팜유 프리 제품이 뜨고 있다 **157**

8. 기후 위기 시대, 어린이를 위한 기후 난민 이야기
우리도 기후 난민이 될지 몰라요! **160**

기후 위기 문제, 전 지구가 나서야 할 때 **161**

5장 역사

1. 몽실 언니
역사의 아픔을 등에 업고 살아간 한 소녀의 이야기 **170**

세계를 위협하는 우크라이나 전쟁 **171**

2. 이상희 선생님이 들려주는 인류 이야기
우리가 몰랐던 인류 역사 속으로 **174**

문어가 인류를 대신해 지구의 주인이 된다고?! **175**

3. 시애틀 추장 연설문
원주민을 몰아낸 미국 정부 **178**

농업 용수 공사로 훼손된 산림 **179**

4. 독립을 향한 열정의 기록 백범 일지
나라를 위해 애쓴 김구 선생의 자서전 **182**

6월 15일은 남북 공동선언의 날 **183**

5. 안네의 일기
은신처에 숨어 살던 소녀의 나날들 **186**

전쟁의 비극을 기억하는 아우슈비츠 **187**

6. 마사코의 질문
일제 강점기에 겪은 우리 민족의 수난과 아픔 **190**

일본의 교과서 왜곡 논란이 이어져 **191**

7. 아버지의 편지
정약용 선생이 유배지에서 두 아들에게 쓴 편지 **194**

중국, 이슬람 사원의 철거와 개조 **195**

8. 10대를 위한 사피엔스
시작부터 현재까지, 단숨에 읽는 인류 문명의 역사 **198**

인공지능과 과학 기술이 바꿀 우리의 삶 **199**

6장 인물

1. 이토록 아름다운 권정생 이야기
아픈 몸으로 좋은 작품을 남기고 떠난 권정생 **208**

가난을 이겨내고 꿈을 이룬 오프라 윈프리 **209**

2. 경주 최 부잣집 이야기
대대로 선행을 이어온 진정한 부자, 경주 최 부잣집 **212**

전 재산을 기부한 홍콩 스타 **213**

3. 이태석, 낮은 곳에서 진정으로 나눔을 실천하다
아프리카 사람들의 희망 이태석 신부 **216**
장기화하는 의료 파업, 피해는 환자의 몫 **217**

4. 간송 선생님이 다시 찾은 우리 문화유산 이야기
우리 문화재를 지키려 노력한 간송 전형필 **220**
일본의 국보가 된 우리 문화재 **221**

5. 헬렌 켈러, 사흘만 볼 수 있다면
열정의 삶을 보여 준 헬렌 켈러 **224**
불가능을 극복한 닉 부이치치 **225**

6. 평화를 꿈꾼 인권운동가 마틴 루터 킹
비폭력 운동의 선구자, 마틴 루터 킹 **228**
아직도 사라지지 않은 인종 차별 **229**

7. 린드그렌, 삐삐 롱스타킹의 탄생
삐삐를 탄생시킨 린드그렌의 이야기 **232**
학대 아동을 지켜주는 동네 편의점 **233**

8. 뭐가 되고 싶냐는 어른들의 질문에 대답하는 법
직업을 정하는 것은 사실 어려운 일 **236**
2050년에 새롭게 생길 직업은? **237**

초등 교과 연계&난이도

문학

책 제목	교과 연계	난이도
꽃들에게 희망을	5-1 도덕_우리가 만드는 도덕 수업	★☆☆☆☆
긴긴밤	6-1 도덕_작은 손길이 모여 따뜻해지는 세상	★★☆☆☆
마당을 나온 암탉	4-1 국어_마음을 전하는 글을 써요	★★☆☆☆
오이 대왕	3-2 사회_다양한 가족이 살아가는 모습	★★★★☆
이모의 꿈꾸는 집	6-1 국어_작품 속 인물과 나	★★☆☆☆
블랙아웃	6-2 과학_에너지의 효율적 이용	★★★☆☆
핵폭발 뒤 최후의 아이들	6-2 사회_지구촌의 평화와 발전	★★★★☆
돌 씹어 먹는 아이	5-2 국어_함께 연극을 즐겨요	★★★★☆

철학

책 제목	교과 연계	난이도
아툭	5-1 도덕_갈등을 해결하는 지혜	★☆☆☆☆
자유가 뭐예요?	6-1 사회_우리나라의 정치 발전	★★★☆☆
세상에서 가장 쉬운 철학책	5-1 국어_글쓴이의 주장	★★★★☆
10대를 위한 정의란 무엇인가	6-1 도덕_공정한 생활	★★★★★
행복한 청소부	6-1 도덕_내 삶의 주인은 바로 나	★☆☆☆☆
철학 안경	6-1 도덕_나를 돌아보는 생활	★☆☆☆☆
트리갭의 샘물	5-1 국어_주인공이 되어	★★★★☆
생각하는 것이 왜 중요할까요?	6-2 사회_우리나라 경제 체제의 특징	★★☆☆☆

사회

책 제목	교과 연계	난이도
좋은 정치란 어떤 것일까요?	6-1 사회_우리나라의 정치 발전	★★★☆☆
검은 후드티 소년	5-1 사회_인권을 존중하는 삶	★★☆☆☆
신나는 법공부!	5-1 사회_법의 의미와 역할	★★☆☆☆
어린이 세계 시민 학교	6-2 사회_지속 가능한 지구촌	★★☆☆☆
1+1이 공짜가 아니라고?	4-2 사회_필요한 것의 생산과 교환	★★★★☆
어린이를 위한 신도 버린 사람들	6-2 사회_지구촌의 평화와 발전	★★★☆☆
10대를 위한 돈으로 살 수 없는 것들	4-2 사회_필요한 것의 생산과 교환	★★★☆☆
공정무역 세계여행	6-1 도덕_공정한 생활	★★★★★

과학·환경

책 제목	교과 연계	난이도
나무를 심은 사람	6-1 도덕_작은 손길이 모여 따뜻해지는 세상	★☆☆☆☆
생명, 알면 사랑하게 되지요	5-1 과학_다양한 생물과 우리 생활	★★★☆☆
동물권	5-2 과학_생물과 환경	★★☆☆☆
디지털 미래의 어두운 그림자, 전자 쓰레기 이야기	6-2 과학_전기의 이용	★★★★☆
파브르 식물 이야기 1	6-1 도덕_작은 손길이 모여 따뜻해지는 세상	★★★☆☆
선생님, 인류세가 뭐예요?	6-2 과학_에너지의 효율적 이용	★★★★★
라면을 먹으면 숲이 사라져	5-2 과학_생물과 환경	★★★☆☆
기후 위기 시대, 어린이를 위한 기후 난민 이야기	5-2 과학_날씨와 우리 생활 / 6-1 도덕_함께 살아가는 지구촌	★★★★★

역사

책 제목	교과 연계	난이도
몽실 언니	5-2 사회_대한민국 정부의 수립과 6·25 전쟁	★★☆☆☆
이상희 선생님이 들려주는 인류 이야기	5-1 과학_다양한 생물과 우리 생활	★★★☆☆
시애틀 추장 연설문	6-1 국어_인물이 추구하는 가치 파악하기	★★★☆☆
독립을 향한 열정의 기록 백범 일지	5-2 사회_일제의 침략과 광복을 위한 노력 / 6-1 도덕_내 삶의 주인은 바로 나	★★★★☆
안네의 일기	6-2 사회_지구촌의 평화와 발전	★★★★☆
마사코의 질문	5-1 사회_우리나라의 영역 알아보기	★★★★☆
아버지의 편지	3-2 국어_이야기 속 인물의 마음을 헤아리며 글 읽기 / 6-1 국어_마음을 나누는 글을 써요	★★★☆☆
10대를 위한 사피엔스	4-2 사회_필요한 것의 생산과 교환	★★★★★

인물

책 제목	교과 연계	난이도
이토록 아름다운 권정생 이야기	5-1 국어_마음을 나누며 대화해요	★★★☆☆
경주 최 부잣집 이야기	6-1 도덕_작은 손길이 모여 따뜻해지는 세상	★★☆☆☆
이태석, 낮은 곳에서 진정으로 나눔을 실천하다	5-1 사회_인권을 존중하는 삶 / 6-1 도덕_작은 손길이 모여 따뜻해지는 세상	★★☆☆☆
간송 선생님이 다시 찾은 우리 문화유산 이야기	4-1 사회_우리 지역의 국가 유산	★★★☆☆
헬렌 켈러, 사흘만 볼 수 있다면	5-1 사회_인권 보장을 위한 노력 알아보기	★★★☆☆
평화를 꿈꾼 인권운동가 마틴 루터 킹	4-2 사회_사회 변화와 문화 다양성	★★★★☆
린드그렌, 삐삐 롱스타킹의 탄생	5-1 사회_인권 존중과 정의로운 사회	★★★☆☆
뭐가 되고 싶냐는 어른들의 질문에 대답하는 법	5-1 도덕_바르고 희망차게 가꾸어 가는 나의 삶	★★★★★

1장

문학

Book & News

문학책은 왜 읽어야 할까요?

살아갈 힘을 주는 문학의 특별함

한 문학 작품을 읽은 어느 날, 열세 살 아이가 그날따라 자신의 이야기를 쏟아내기 시작했어요. 오랜 친구와 있었던 일부터 그로 인해 겪은 상처까지, 함께 읽었던 작품과 비슷한 내용이었어요. 평소 조용했던 이 친구가 그날 그렇게 이야기가 많았던 이유는 그 책이 친구의 마음을 건드렸기 때문이에요. 사람은 자신과 비슷한 캐릭터나 경험을 다룬 이야기에 자연스럽게 몰입하게 되거든요.

물론 문학 작품을 읽다 보면 자신의 경험과 비슷한 이야기만 만나는 것은 아니에요. 문학은 결국 사람들의 다양한 이야기를 담고 있기 때문이지요. 우리는 사회 속에서 함께 살아가며 관계를 맺고 있어요. 그리고 문학은 이러한 사회적 관계와 공동체 속 우리의 이야기를 다루기 때문에 누구나 쉽게 공감할 수 있어요.

문학에서는 인물들이 서로 얽히고설킨 갈등을 풀어나가는 과정을 보여 줘요. 이러한 과정을 반복해서 접하다 보면, 우리도 삶에서 마주치는 크고 작은 문제들을 해결할 능력이 자연스럽게 생긴답니다. 이것이 바로 문학을 읽는 가장 큰 이유이지요.

문학 작품에는 정말 다양한 캐릭터들이 등장합니다. 처음에는 나와 비슷한 인물에게 끌리지만, 점차 다른 인물들에게도 관심이 가기 시작해요. 물론, 등장인물 모두를 완전히 이해하기는 쉽지 않아요. 마치 우리 일상에서 만나는 많은 사람을 온전히 이해하기 어려운 것과 같지요.

하지만 문학은 각 인물의 서사를 깊이 있게 보여 줍니다. 이를 통해 비록 내가 이해할 수 없는 인물이라도, "그들의 삶에도 나름의 이유와 사정이 있다."라는 사실을 알게 되지요. 이 깨달음은 우리로 하여금 타인의 존재를 부정하지 않게 합니다. 비록 다른 사람을 완전히 이해하지는 못하더라도, 서로 부정하지 않는 태도는 우리가 함께 살아가는 사회에서 꼭 필요한 덕목이라고 생각해요.

　문학을 읽다 보면 많은 답을 얻기도 하지만, 새로운 질문에 부딪히는 순간도 찾아와요. 처음에는 인물들의 갈등 관계를 따라가며 흥미롭게 읽다가도, 작가가 보여 주는 해결 과정에 의문이 생기기도 해요. 이야기가 왜 이렇게 전개되었는지, 그 방식이 과연 옳은지, 그리고 그 과정에서 상처받는 사람은 없는지 고민하게 되지요. 바로 그때 우리는 질문을 시작합니다. 이런 질문들은 우리의 삶에 깊이를 더하며 하루하루를 만들어 갈 힘이 되어 주지요.

　우리는 모두 '태어났기' 때문에 살아가고 있지만, 삶의 방식은 각자 달라요. 무엇이 정답이라고 단언하기는 어렵지요. 선생님 역시 종종 길을 잃고 헤맬 때가 있어요. 그럴 때 문학이 곁에 있다는 것이 정말 다행이에요. 문학은 직접적인 답을 주지는 않지만, 스스로 생각할 기회를 제공하고 다양한 인물들의 분투를 통해 용기를 얻게 해줘요. 무엇보다 문학은 우리에게 좌절하지 않는 법을 가르쳐 준다는 점에서 소중합니다.

　여기에 소개한 여덟 권의 문학 작품들을 하나하나 읽다 보면, 선생님이 한 이야기의 의미를 비로소 알게 될 거예요. 한 사람, 한 사람을 만나서 대화하듯 한 권씩 차분히 읽어 보세요.

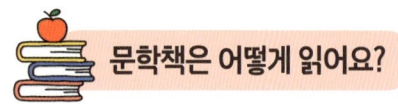 **문학책은 어떻게 읽어요?**

문학의 가장 큰 장점은 한 번 빠져들기 시작하면 끝없이 몰입할 수 있다는 점이에요. 책 한 권을 다 읽고 나면, 마치 환상의 세계를 여행하고 돌아온 듯한 기분이 들지요. 때로는 꿈을 꾼 것 같은 느낌이 들기도 해요. 다른 세계를 경험하고 돌아온 것이니 당연한 일일지도 모릅니다. 이렇게 흥미진진한 문학 작품을 읽을 때는 다음과 같은 점들을 떠올리며 읽어 보세요.

1. 표지의 그림과 제목을 먼저 보기
표지 그림과 제목은 함축적일 때가 많아요. 그래서 표지의 그림과 제목을 유심히 보고 상상하는 것만으로도 이야기에 대한 호기심이 자극되어 몰입할 수 있어요. 읽으면서 제목의 의미와 표지 그림의 의미를 더 깊이 이해하게 되는데, 이때도 미리 생각해 본 것이 도움이 돼요.

2. 등장인물의 특성을 파악하기
이야기 초반에 인물들이 하나둘 등장하며 그들의 성격이나 역할이 조금씩 드러나요. 이런 내용은 이야기 전개에 큰 영향을 미치기 때문에 등장인물의 특성을 파악하는 것은 정말 중요해요. 그들의 성격, 역할을 비롯해 그들이 가진 욕구도 파악하며 읽어 보세요.

3. 인물 간의 관계를 파악하기
등장인물들의 관계는 중요한 요소예요. 그들이 서로 연결되어 있기에 어떤 문제가 생기는 것이지요. 주인공을 중심으로 비교적 좋은 관계에 있는 인물, 나쁜 관계에 있는 인물을 머릿속에 그리며, 왜 그런 관계가 형성되었는지 생각해 보세요.

4. 공간 배경과 시간 배경을 파악하기
이야기의 배경이 되는 시간과 장소는 사건과 밀접한 연관이 있어요. 예컨대, 《마당을 나온 암탉》에서 주인공 잎싹이 머무는 공간들은 잎싹의 욕구가 반영된 곳이에요. 언제인지에 따라 사건에 영향을 줄 수 있으므로 시간 배경 또한 파악하며 읽어 보세요. 시공간 배경을 뚜렷하게 드러내지 않고, 이야기 곳곳에 암시적으로 흩뿌려 놓는 경우도 많으니, 전체적인 맥락을 잘 파악하며 읽어야 해요.

5. 주요 사건과 해결을 이해하기

문학의 핵심은 사건과 해결이에요. 이는 이야기 전반에 걸쳐 나타나기 때문에 흐름을 놓치지 않도록 집중해서 읽어야 해요. 만약 잘 이해가 되지 않으면, 앞으로 돌아가 다시 읽는 것도 도움이 될 거예요.

6. 인물의 감정에 공감하기

사람은 늘 감정에 따라 움직이지만, 문학은 주로 사건을 중심으로 이야기를 전개해요. 그래서 인물의 감정을 세심하게 파악하며 읽는 것이 중요하지요. 인물의 말이나 행동에서 그들의 감정을 유추할 수 있으니 대사와 행동도 꼼꼼히 살펴 보세요.

7. 인물의 행동에 의문 제기하기

문학을 읽다 보면 공감되지 않는 인물의 행동도 보일 수 있어요. 이는 사람마다 각자의 가치관과 믿음에 따라 행동하기 때문이에요. 이러한 지점을 발견하며 읽는 것은 단순히 책 내용을 받아들이는 것을 넘어 비판적 사고력을 키울 수 있는 기회가 됩니다.

8. 스스로 질문하기

문학 읽기의 가장 큰 힘은 답을 주기보다는 질문을 하게 만든다는 점이에요. 작가가 던진 주제를 중심으로 또 다른 질문을 만들어 보세요. 이런 과정을 통해 문학을 읽는 힘과 문제를 해결하는 능력을 키울 수 있어요.

9. 가치 문장을 찾기

문학 속에는 작가가 전하고자 하는 생각이 인물의 말이나 행동, 혹은 지문 곳곳에 담겨 있어요. 그 과정에서 특히 마음에 와닿는 문장을 발견할 수도 있지요. 어떤 문장이 여러분에게 가치를 줄지 찾아보고, 기억하거나 기록해 보세요.

10. 생각 정리하기

책을 통해 정리된 자신의 생각을 말이나 글로 표현해 보세요. 문학이 모든 답을 주지는 않지만, 그 순간 자신만의 답을 내릴 수 있어요. 예를 들어 "그래, 내 인생은 내가 만들어 가야 해." 같은 생각을 할 수 있지요. 이처럼 여러분만의 문장을 만드는 것이 문학 읽기의 진정한 목적이랍니다.

문학 하루 한 장 초등 필독서

교과 연계 : 5-1 도덕_우리가 만드는 도덕 수업   난이도 ★☆☆☆☆

무엇인지 모르는 곳을 향해 끊임없이 나아가는 애벌레 이야기

> 무조건 경쟁하기보다 네가 진짜 원하는 걸 찾아 봐!

한 줄무늬 애벌레는 알에서 깨어난 후 잎을 먹으며 평범한 나날을 보냈어요. 그러던 어느 날, 더 나은 삶이 있을 거라는 생각에 모험을 떠나기로 결심해요. 그러던 중 다른 애벌레들이 어디론가 몰려가는 것을 발견해요. 그들을 따라가 보니 수많은 애벌레로 쌓아 올려진 거대한 기둥이 눈앞에 나타났어요.

서로를 밟으며 올라가다 보니 기둥에서 떨어져 죽는 애벌레도 있었지만, 다들 아랑곳 없이 올라가기에 바빴어요. 줄무늬 애벌레도 그들을 따라 기둥을 올라가다가 노랑 애벌레를 만납니다. 그러나 남을 밟고 올라가는 것에 지친 노랑 애벌레는 줄무늬 애벌레를 설득해 함께 기둥을 내려와요.

그 뒤로 둘은 평온한 시간을 보냈지만, 기둥에 미련을 버리지 못한 줄무늬 애벌레는 결국 다시 기둥으로 향하고, 노랑 애벌레는 홀로 남겨져요. 슬퍼하던 노랑 애벌레는 온몸을 꽁꽁 싸맨 한 애벌레에게 나비가 될 수 있다는 말을 들어요. 그리고 용기를 내 번데기가 됩니다. 반면, 줄무늬 애벌레는 결국 꼭대기에 올라갔어요. 그러나 그곳에는 아무것도 없었지요. 그저 아무 이유도 모르고 서로를 밀치며 올라가는 수십 개의 애벌레 기둥을 보며 분노와 실망을 느낄 뿐이었어요. 그 순간 줄무늬 애벌레는 자기 주위를 날아다니는 나비가 노랑 애벌레라는 것을 깨닫고 기둥을 내려옵니다. 그리고 노랑 애벌레가 이끄는 대로 번데기가 되어 마침내 나비가 돼요. 그렇게 새로운 삶이 시작되었답니다.

꽃들에게 희망을 트리나 폴러스 지음, 김석희 옮김 | 시공주니어 | 1999

줄무늬 애벌레는 더 좋은 삶을 찾기 위해 기둥에 오르지만, 그곳에서 행복을 찾을 수 없다는 걸 깨닫고 내려옵니다. 노랑 애벌레와 함께 진정한 행복을 찾게 되고, 결국 나비가 되어 하늘을 날아올라요. 무턱 댄 경쟁보다는 서로 돕고 변화하는 것이 더 중요함을 알려 주는 이야기예요.

라온쌤 뉴스 제 01호 키워드 배움, 교육

한국 학생들, 공부 잘하지만 흥미는 없다

한국 초등학교 4학년과 중학교 2학년 학생들의 수학·과학 성취도가 세계 최상위권이라는 연구 결과가 발표됐다. '국제 교육 성취도 평가 협회(IEA)'에 따르면, 초등 4학년은 수학에서 59개국 중 3위, 과학에서 2위를 차지했다. 중학교 2학년은 수학 3위, 과학 4위를 기록했다. 하지만 문제는 이런 과목을 좋아하거나 자신 있어 하는 학생이 매우 적다는 점이다.

초등 4학년의 수학 흥미도는 58개국 중 58위로 꼴찌였으며, 과학 흥미도는 47위에 그쳤다. 자신감 점수도 각각 50위와 43위로 하위권에 머물렀다.

한국 학생들이 이렇게 잘하면서도 학업에 흥미를 느끼지 못하는 이유는 무엇일까? 전문가들은 한국의 교육이 성적에만 초점을 맞추고 있다는 점을 문제로 지적한다. 시험에서 높은 점수를 받기 위해 끝없이 경쟁하고, 창의적이고 재미있는 배움보다는 정답만 맞히는 공부에 치중하고 있다는 것이다.

나는 지금 무엇을 위해 공부하는 걸까?

교육부는 이런 문제를 해결하기 위해 학생들이 스스로 탐구하며 즐길 수 있는 수업을 늘리고, 맞춤형 디지털 교과서를 개발해 재미있게 배울 수 있는 환경을 만들겠다고 밝혔다. 공부는 미래를 위해 꼭 필요하지만, 배움 자체를 즐기고 삶의 지혜를 얻는 과정도 중요하다. 우리 모두 앞만 보고 달리기보다는 서로의 속도에 맞춰 함께 성장하는 교육을 만들기 위해 고민해야 한다.

어휘 톡톡

- **성취도** 목적한 바를 이룬 정도
- **지적** 꼭 집어서 가리킴

《꽃들에게 희망을》은 어떤 책일까?

노랑 애벌레가 줄무늬 애벌레를 설득해 기둥을 내려온 이유는 무엇인가요?

줄무늬 애벌레가 기둥의 꼭대기에 올라 분노와 실망을 느낀 이유는 무엇인가요?

기사를 읽은 후에 알게 된 것은?

전문가들이 한국 교육의 문제점으로 지적한 것은 무엇인가요?

정답만 맞히는 공부에 치중하고 있는 학생들을 위해 교육부의 해결 방법은 무엇인가요?

 **책과 기사를 읽은 후 하고 싶은 말**

학생들이 창의적이고 재미있게 학습할 수 있는 방법이 있을까요?
여러분이 교육부에 제안하고 싶은 방법을 써 보세요.

 **내 안의 생각 끌어내기**

가장 좋아하는 과목과 가장 싫어하는 과목은 무엇인가요?
그 과목을 왜 좋아하는지, 또 왜 싫어하는지 그 이유도 함께 써 보세요.

 **라온쌤의 책 속으로**

　　미국의 동화작가 트리나 폴러스가 1972년에 출간한 동화예요. 배고프면 먹고, 졸리면 자는 단순한 삶을 떠나서, 정말 자기 자신이 되고 싶은 것, 즉 자아를 찾는 것의 중요성을 이야기해요. 간결하고 짧은 문장들 속에는 '어떻게 살아가야 할까?' 하는 깊이 있는 질문이 숨어 있답니다. 가끔 공부하기가 지칠 때, 이 책을 읽으며 자신이 진짜 원하는 것이 무엇인지 생각하는 시간을 가져 보세요.

문학 하루 한 장 초등 필독서

교과 연계 : 6-1 도덕_작은 손길이 모여 따뜻해지는 세상   난이도 ★★☆☆☆

노든과 치쿠의
희망과 용기의 여정

노든은 코끼리 고아원에서 살고 있던 코뿔소예요. 고아원을 떠날 때가 되어 고민하던 중 더 넓은 세상으로 가라는 코끼리 할머니의 조언을 받아들여 세상으로 나아갑니다.

그렇게 고아원을 나온 노든은 다른 코뿔소를 만나 딸도 낳고 행복하게 살아요. 그런데 인간들에 의해 아내와 딸이 세상을 떠나는 사건이 발생했어요. 그 사고로 잠시 정신을 잃었던 노든은 뿔이 잘린 채 어느 동물원에서 깨어나요. 그리고 그곳에서 다른 코뿔소인 앙가부를 만납니다. 앙가부는 노든을 따스하게 대해 주고, 둘은 함께 동물원 탈출을 꿈꾸어요. 그러나 코뿔소 뿔 사냥꾼에 의해 앙가부마저 세상을 떠나고, 노든은 또 다시 절망하며 인간에 대한 증오와 복수심을 키워요.

한편, 펭귄 우리에서는 치쿠와 윔보라는 펭귄이 버려진 알을 함께 거두기로 해요. 치쿠는 한쪽 눈이 다친 윔보 곁에서 눈이 되어 주며 보살폈지만, 안타깝게도 전쟁으로 윔보가 세상을 떠나고 말아요. 결국, 치쿠는 홀로 알을 양동이에 담아 전쟁통으로 난리가 난 동물원을 빠져나오고, 그 과정에서 노든을 만나요. 그때부터 꼭 바다로 가야 한다는 치쿠와 알에는 사실 관심도 없었던 노든은 함께 걷기 시작해요. 그렇게 둘의 긴긴밤은 계속돼요.

둘은 과연 바다로 갔을까요? 알에서 펭귄은 무사히 태어났을까요? 노든의 긴긴밤은 어떻게 막을 내릴까요?

나도 함께 걸을게!

긴긴밤 루리 지음 | 문학동네 | 2021

제21회 문학동네어린이문학상 대상 수상작이에요. 소중한 이를 다 잃은 코뿔소가 이 세상에 홀로 남겨진 후 다른 영혼과 함께 바다를 찾아가는 여정을 그렸어요. 사랑과 희망, 연대의 힘을 느낄 수 있는 책이에요.

라온쌤 뉴스 제 02호　　　　　　　　　　　　　　　　　　　　　　　**키워드** 밀렵, 환경 보호

밀렵으로 위기에 처한 코뿔소

내 뿔을 지켜 주세요!

코뿔소가 점점 사라지고 있다. 남아프리카의 크루거 국립공원에서는 지난 10년 동안 백색 코뿔소가 무려 75%나 감소했고, 흑색 코뿔소도 51%나 줄어들었다. 이렇게 코뿔소가 줄어드는 이유 중 하나는 바로 '밀렵' 때문이다. 2023년에는 아프리카에서 586마리의 코뿔소가 밀렵으로 죽었다.

뿔을 노리는 밀렵꾼들은 죄책감 없이 코뿔소를 죽이기도 하며, 이렇게 얻은 뿔은 아시아 일부 지역에서 약으로 쓰인다고 믿어져 비싼 값에 팔리고 있다. 이처럼 코뿔소 뿔에 대해 확인되지 않은 정보가 퍼지면서 코뿔소는 생존에 큰 위협을 받게 되었다.

코뿔소에게 뿔은 어떤 의미일까? 실제로 뿔이 잘린 코뿔소는 활동성이 줄어든다는 연구 결과가 있다. 또 다른 코뿔소와 어울리는 일도 줄어들고, 자신의 영역을 지키는 행동도 약해져 생존에 큰 위협을 받는다. 즉 뿔이 단순한 신체 일부가 아니라 코뿔소의 정체성과 안전에 중요한 역할을 한다는 것을 보여 준다.

밀렵꾼들의 위협에 맞서 여러 환경 보호 단체가 코뿔소를 지키기 위해 노력 중이며, 많은 나라가 코뿔소 보호를 위한 법을 강화하고 있다.

어휘 톡톡

- **국립공원** 자연 경치가 뛰어난 지역의 자연과 문화적 가치를 보호하기 위하여 나라에서 지정하여 관리하는 공원
- **밀렵** 허가를 받지 않고 몰래 사냥함
- **강화** 세력이나 힘을 더 강하고 튼튼하게 함

《긴긴밤》은 어떤 책일까?

노든이 고아원을 떠난 이유는 무엇인가요?

노든이 인간을 증오하게 된 이유는 무엇인가요?

기사를 읽은 후에 알게 된 것은?

밀렵꾼들이 코뿔소의 뿔을 잘라내는 이유는 무엇인가요?

코뿔소가 뿔을 잃는다는 것은 어떤 의미일까요?

책과 기사를 읽은 후 하고 싶은 말

코뿔소처럼 인간에 의해 희생되는 동물을 보호하기 위해 우리가 할 수 있는 일은 무엇인가요?

내 안의 생각 끌어내기

노든과 치쿠의 여정처럼 여러분도 희망을 품고 열심히 노력한 경험이 있나요?
그때 들었던 생각과 노력을 통해 어떤 결과를 얻었는지 써 보세요.

선생님이 손에 꼽을 정도로 좋아하는 책인 《긴긴밤》은 삶은 고통과 기적의 연속이라는 것을 보여주는 이야기예요. 또 몇몇 빛나는 순간과 아주 많은 긴긴밤을 보내려면 끊임없이 걸어야 한다는 것, 그리고 그 길에 함께할 사람이 있다면 견딜만하다는 것을 잘 담아내고 있어요.

이 책을 읽은 몇몇 친구들은 너무 많은 죽음이 등장한다며 슬퍼했습니다. 하지만 그 죽음은 다시 삶으로 이어져요. 알에서 태어난 펭귄 '나'가 바다로 갈 수 있었던 것은 바로 그들의 죽음이 있었기 때문이에요.

문학 하루 한 장 초등 필독서

교과 연계 : 4-1 국어_마음을 전하는 글을 써요

난이도 ★★☆☆

자유를 향한 끊임없는 날갯짓

초록머리는 내가 꼭 지켜줄 거야!

　잎싹은 양계장에 갇혀 평생 알만 낳은 암탉이에요. 어느 날 자기가 낳은 알이 마당에 내던져지는 것을 본 잎싹은 더 이상 알을 낳지 않았고, 쓸모 없어진 잎싹은 결국 구덩이에 던져져요. 구덩이 주변을 맴돌던 잎싹이 족제비에게 당할 뻔할 때 마당의 청둥오리 '나그네'가 구해 주지요. 그 후 잎싹은 마당에서 살고자 했으나 마당에 있는 동물들의 차별과 멸시로 마당 밖으로 나오고 말아요.

　본격적으로 숲을 돌아다니며 살던 잎싹은 외로움을 느껴요. 그러다가 어느 날 버려진 오리알을 발견한 후, 그토록 품어 보고 싶었던 알을 직접 품기로 결심해요. 청둥오리 나그네는 그런 잎싹을 먼발치에서 족제비로부터 지키며 먹을 것을 가져다 주기도 하지요. 그 알이 바로 나그네의 알이기 때문이에요. 하지만 나그네는 결국 족제비에게 당해 세상을 떠나고, 잎싹은 홀로 꿋꿋이 알을 지켜요.

　드디어 알이 부화하여 아기가 태어났고, 잎싹은 아이에게 '초록머리'라는 이름을 붙여 줍니다. 초록머리를 안전하게 키우기 위해 마당으로 돌아갔지만, 또다시 여러 위기를 겪어요. 한번은 족제비 새끼들의 목숨을 위협해 초록머리를 지키기도 했어요. 그렇게 훌쩍 커 버린 초록머리는 어느 날 청둥오리 무리와 떠나고, 잎싹은 자기 목숨을 족제비에게 내어주고는 하늘로 떠납니다.

마당을 나온 암탉 황선미 글, 김환영 그림 | 사계절 | 2020

양계장에서 알만 낳던 암탉이 머물던 곳을 나와 자기만의 알을 품고, 삶의 주인이 되어 살아가는 이야기예요. 배불리 먹을 수 있는 양계장과 안전한 마당을 나오는 주인공 잎싹을 통해 우리가 머무는 곳의 의미와 나아가야 할 방향에 대해 깊이 생각하게 해요.

라온쌤 뉴스 제03호 | 키워드 의료 지원, 봉사

세계를 치료하는 손길 '국경 없는 의사회'

'국경 없는 의사회(MSF)'는 전 세계에서 의료 지원이 필요한 사람들에게 도움을 주는 비영리, 비정부 기구이다. 1971년에 프랑스에서 설립되었으며, 전염병, 전쟁, 자연 재해 등 의료 서비스가 필요한 곳에 긴급 지원을 제공한다. 이 단체는 정치나 종교, 군사와 관계없이 독립적으로 활동하는 단체이다. 그래서 어디에서든 도움이 필요한 사람들에게만 집중해 지원할 수 있다. '국경 없는 의사회'는 그 공로를 인정받아 1999년에 노벨평화상을 받았다.

이 단체의 의사들은 안정된 직장을 포기하고, 의료 사각지대에 놓인 사람들을 돕기 위해 세계 곳곳으로 나간다. 의사로서 높은 연봉과 안락한 생활 대신, 스스로 의미 있는 삶을 선택한 것이다.

때로는 가족과 떨어져 지내야 하고 위험한 상황에 처하기도 하지만, 그들은 자신의 선택이 더 큰 가치를 가져온다고 믿는다. 이처럼 자기가 진정으로 원하는 것을 선택하고, 그 선택을 통해 세상에 긍정적인 변화를 만들어가는 일은, 쉽지 않지만 우리 삶을 더욱 의미 있게 만들어 준다. 작은 희생과 큰 용기로 세상을 더 나은 곳으로 바꾸는 사람들이 있기에, 우리 세상은 조금씩 더 나은 방향으로 나아가고 있다.

의료 도움이 필요한 곳은 어디든 가요!

어휘 톡톡

- **비영리** 돈이나 물질적인 이익을 바라지 않음
- **전염병** 병원체가 다른 생물체에 옮아 집단적으로 유행하는 병을 말함
- **사각지대** 어느 위치에 서 있음으로써 사물이 눈으로 보이지 않게 되는 각도

《마당을 나온 암탉》은 어떤 책일까?

양계장에서 살던 잎싹이 이동한 장소를 차례로 쓰세요.

잎싹이 숲에서 우연히 만난 오리알을 품은 이유는 무엇인가요?

기사를 읽은 후에 알게 된 것은?

'국경 없는 의사회'가 하는 일은 무엇인가요?

'국경 없는 의사회'가 정치나 종교, 군사와 관계없이 독립적으로 활동하는 이유는 무엇인가요?

 **책과 기사를 읽은 후 하고 싶은 말**

'국경 없는 의사회' 의사들은 자기 시간을 다른 사람들을 돕기 위해 사용하며 '의미 있는 삶'을 살고 있어요. 그들의 선택에서 어떤 점이 특별하다고 느꼈나요?

 **내 안의 생각 끌어내기**

'국경 없는 의사회'에서 일하는 사람들은 위험한 지역에서도 활동을 해요. 여러분이 그런 일을 하게 된다면 어떤 점이 가장 어렵다고 느낄지 구체적으로 써 보세요.

2000년에 출간되어 우리나라에서 100만 부 이상 판매되고, 28개국에 수출될 만큼 사랑받은 작품이에요. 그만큼 많은 이의 공감을 얻었으며, 짧지만 힘든 순간들을 견뎌야 하는 인생을 우화식으로 잘 표현했어요. 이 책을 통해 삶과 죽음, 소망과 자유 그리고 다름을 대하는 자세에 대해 생각하게 돼요. 잎싹은 자신의 삶을 희생하면서까지 초록머리를 끝까지 지켜냈어요. 잎싹이 왜 마지막에 그런 선택을 했는지, 또 그가 자기 삶을 돌이켜본다면 어떤 말을 할지 생각하며 읽어 보세요.

문학 하루 한 장 초등 필독서

교과 연계 : 3-2 사회_다양한 가족이 살아가는 모습   난이도 ★★★★☆

권위적인 독재자, 오이대왕의 몰락

나는 쿠미-오리 2세 대왕이다!

볼프강네 가족 앞에 어느 날 이상하게 생긴 존재, 오이대왕이 나타납니다. 그는 자신을 쿠미-오리 2세라고 하며 백성들의 반란으로 여기까지 망명을 왔다고 말했어요. 볼프강네 가족은 무척 놀랐지만, 우선 오이대왕과 집에서 같이 지내기로 합니다.

오이대왕은 매우 거만하고 권위주의적이었는데, 아버지는 먹을 것을 주는 등 유독 그의 권위를 세워 주려고 노력해요. 막내 닉은 오이대왕이 마냥 신기하다며 좋아하고, 다른 가족들은 그를 달가워하지 않았어요.

그런데 오이대왕은 어느 날부터 가족들의 비밀들을 하나둘 파헤치기 시작해요. 엄마의 영수증, 볼프강의 40점짜리 수학 시험지 같은 것을 말이에요. 이런 오이대왕이 누구인지 좀 더 알아보기 위해 지하실로 간 볼프강은 쿠미-오리들을 만나요. 그들은 오이대왕이 엄청난 횡포를 부리던 독재자였음을 알려 줍니다.

그 이야기를 들은 볼프강은 쿠미-오리들을 돕기로 했지만, 오이대왕은 아버지를 꼬드겨 지하실 물청소로 그들을 없애려고 해요. 볼프강은 아버지에게 보험 회사의 높은 직위로 올려준다는 오이대왕의 말이 거짓이었다는 사실을 알려요. 그 사실을 알고 집을 나간 아버지는 한참 후 회사 사람들의 부축을 받으며 의식이 없는 상태로 돌아오고, 볼프강은 그 사이 오이대왕을 갖다 버리지요. 오이대왕을 내다 버린 후 볼프강네 가족은 오이대왕이 없던 시절과 비슷한 삶으로 돌아간답니다.

오이대왕 크리스티네 뇌스틀링거 지음, 유혜자 역 | 사계절 | 2009

독일 청소년 문학상 수상작이에요. 한 가정에 오이대왕이 나타나면서 벌어지는 사건을 통해 가족의 문제점을 재치 있게 풀어냈어요. 다소 우스꽝스러운 모습의 오이대왕의 이야기를 따라가다 보면 가족의 의미에 대해 다시 생각해 보게 돼요.

라온쌤 뉴스 제04호　　　　　　　　　　　　　**키워드** 가족의 의미, 가족 방송

TV에 방영되는 불안한 가족의 모습

　최근 가족의 **불화**를 다룬 방송, 아이의 문제를 상담받는 방송, 부부간 화목하지 않은 모습을 보여 주는 방송들이 사람들의 관심을 끌고 있다. 가족 안에서 일어나는 문제, 관계의 문제 등을 낱낱이 보여 주면서 전문가가 해법을 제시하는 형식이다. 이런 프로그램들의 가장 큰 특징은 실제 출연자들의 생활을 면밀히 관찰하여, 최대한 있는 그대로의 모습을 방송에 내보내는 것이다. 그러다 보니 때로는 심하게 갈등을 겪거나 싸우는 가족의 모습이 그대로 방영되기도 한다.

　이런 방송들이 **성행**하면서 한편으로는 사람들에게 가족에 대한 부정적인 생각을 심어 줄 수 있다는 **우려**의 목소리도 커지고 있다. 한국교회언론회는 결혼한 부부의 문제점을 다루는 프로그램에 대해 '가정과 결혼의 참된 가치를 허무는 역할을 한다'며 비판했다. 또한 결혼 생활에 대한 여러 문제점을 지나치게 강조한 방송들은 아동이나 청소년이 보았을 때 너무 자극적이라고 지적했다.

　가족이란 서로 모르던 남녀가 만나 가정을 꾸리고, 아이를 낳아 함께 키워 가는 과정이다. 이 과정은 결코 쉬운 일이 아니며, 많은 어려움이 따른다.

　하지만 인간이 살아가는 데 중요한 역할을 하는 집단인 가족은 한 사람의 행복과 삶의 질을 높이며, 이는 사회 전체의 안정으로 이어진다는 점을 잊지 말아야 한다.

우리가 다투는 모습을 온 국민이 다 볼 거라고!

어휘 톡톡

- **불화** 서로 사이좋게 지내지 못함
- **성행** 매우 성하게 유행하는 것
- **우려** 근심하거나 걱정함

 《오이대왕》은 어떤 책일까?

오이대왕 때문에 밝혀진 가족들의 비밀은 무엇인가요?

오이대왕을 내보낸 후 볼프강의 가족은 어떻게 되었나요?

기사를 읽은 후에 알게 된 것은?

최근 가족의 불화나 문제를 다루는 방송들이 사람들에게 어떤 영향을 줄 수 있을까요?

우리 사회에서 가족의 역할이 중요한 이유는 무엇인가요?

 책과 기사를 읽은 후 하고 싶은 말

오이대왕은 권위적이고 독재적인 모습으로 가족을 통제하려 했어요.
이처럼 가족 중 한 명이 지나치게 권위적이면, 다른 가족 구성원과 어떤 갈등이 일어날까요?

 내 안의 생각 끌어내기

우리는 종종 가족과 의견이 다르거나, 입장이 달라 다투거나 서운한 일이 생겨요.
그럴 때 가족 간의 갈등을 해결하기 위한 여러분만의 방법은 무엇인가요?

 라온쌤의 책 속으로

　크리스티네 뇌스틀링거는 오스트리아의 작가로, 1970년부터 어린이와 청소년을 위한 책을 쓰기 시작했어요. 그의 작품들은 민감한 주제를 유머와 함께 무겁지 않게 다루면서도 우리 주변의 모순을 날카롭게 지적해요. 그가 말한 대로 이 세상과 삶이 늘 아름답지는 않지만, 그것을 너무 무겁게 바라보지 않도록 도와줘요.
　선생님은 볼프강의 아버지가 유난히 오이대왕에게 잘 대해준 것은 어떤 동질감을 느꼈기 때문이라고 생각해요. 이 책을 통해 진짜 가족의 의미는 무엇인지, 가족 구성원들은 서로에게 어떤 존재여야 하는지에 대해 생각해 보세요.

문학 | 하루 한 장 초등 필독서

교과 연계 : 6-1 국어_작품 속 인물과 나   난이도 ★★☆☆☆

내 꿈은 스스로 그리는 것

　모범생인 진진은 특목고에 진학해 일류대에 가기 위해 열심히 공부를 해요. 그런데 어쩌다가 특목고 진학을 위한 특별 캠프가 아닌 '꿈꾸는 집'에 초대되면서 진진에게 많은 변화가 일어나요.

　'꿈꾸는 집'에서 만난 이모는 진진에게 꿈이 무엇이냐고 물어요. 진진은 지금껏 그랬듯이 특목고에 들어가서 좋은 대학에 간다는 자신의 꿈을 의기양양하게 말했지만, 오히려 이모는 고작 그게 꿈이냐며 반문하지요. 그 이후 진진은 이곳에서 여러 존재의 꿈을 만나요. 겨울에도 따뜻한 남쪽으로 날아가지 않고 눈사람 만드는 것이 꿈인 제비초리, 하늘을 날고 싶어 하는 거위인 어기, 4분의 3박자로 꼬리를 흔들고 싶어 하는 개 덩치, 춤추기를 좋아하는 두레박 퐁 등을 만나며 진진도 자기 꿈에 대해 진지하게 생각하기 시작해요. 또 모두가 자신의 꿈에 대한 간절함으로 솔직해지는 그 공간에서 자유로움과 싱그러움을 느껴요.

　진진은 자기의 꿈을 자발적으로 찾아야 한다는 것과 꿈을 향해 가는 과정이 더 중요하다는 것을 깨달아요. 캠프를 마치고 돌아온 진진은 엄마에게 특목고에 진학하지 않겠다고 선포합니다. 놀란 엄마에게 진진은 한 마디를 더 하는데 바로 '엄마도 딸에게만 집중하지 말고 엄마의 인생을 찾으라' 하는 진심어린 이야기였지요.

내 진짜 꿈을 찾아야겠어!

이모의 꿈꾸는 집
정옥 글, 정지윤 그림 | 문학과지성사 | 2010

제6회 마해송문학상을 수상한 작품이에요. 모범생 진진이 특목고 진학을 위한 특별 캠프 대신 엉뚱한 캠프인 '꿈꾸는 집'에 초대되어 진정한 꿈을 찾아가는 과정을 그렸어요. 꿈조차 마음껏 꿀 수 없는 아이들의 삶을 재미있고 유쾌하게 담아냈으며, 아이들이 스스로 진정한 꿈을 찾아야 함을 일깨워 줘요.

라온쌤 뉴스 제 05호

키워드 의대 열풍, 의사

초등학생부터 시작되는 의대 열풍

최근 우리나라의 많은 학생이 의사가 되기 위해 의대를 지원하는데, 이런 현상을 '의대 열풍'이라고 한다. 의사는 아픈 사람을 치료하는 멋진 직업이며 안정적인 미래를 보장하기에 많은 학생의 꿈이 되고 있다. 게다가 지금 당장 병원에 필요한 의사들이 부족한 문제를 해결하기 위해 정부에서 의대 정원을 늘린 이후로 의대 열풍이 더욱 거세지고 있다.

의대에 가서 의사가 되려는 초중고생 또한 많이 늘었다. 초등학생 때부터 선행 학습을 하거나, 사설 학원에서 의대 준비를 체계적으로 시작하는 경우도 많다. 서울의 주요 대학에 합격한 대학생들도 의대를 목표로 재도전하고, 지방 의과 대학의 경쟁률도 상승하고 있다.

이에 대해 개개인의 성향과 특성을 고려하지 않고 어린 나이부터 의대 준비에만 집중하는 것은 과도하다는 지적이 있다. 또한, 이런 열풍이 우리 사회에 미칠 부정적인 영향에 대한 걱정도 많다. 예를 들어, 지나치게 의대로

사실 천문학자가 되고 싶었는데….

관심이 쏠린 나머지 과학자나 공학자처럼 미래를 이끌어 갈 다른 분야의 인재들이 줄어들 가능성이 있다.

의대 열풍은 우리 사회의 구조적인 문제와 미래에 대한 기대가 함께 담긴 현상이다. 이 문제를 해결하려면 의사뿐만 아니라 다양한 분야에서 일할 수 있는 사람들이 고르게 성장할 수 있도록 모두가 함께 고민해야 한다.

어휘 톡톡

- **열풍** 무언가 매우 세차게 일어나는 기운을 비유적으로 이르는 말
- **정원** 정당한 자격을 가진 구성원
- **과도** 정도에 지나침

《이모의 꿈꾸는 집》은 어떤 책일까?

'꿈꾸는 집'은 어떤 공간이라고 생각하나요?

'꿈꾸는 집'을 다녀온 진진이 특목고에 가지 않겠다고 한 이유는 무엇인가요?

기사를 읽은 후에 알게 된 것은?

우리나라에 '의대 열풍' 현상이 더욱 거세진 이유는 무엇인가요?

너도 나도 의대에 가려는 현상에 대해 사람들은 어떤 걱정을 하나요?

 **책과 기사를 읽은 후 하고 싶은 말**

학생들이 자신의 미래 직업과 꿈을 선택하는 데 가장 중요하게 고려해야 할 것은 무엇인지 여러분의 생각을 써 보세요.

 **내 안의 생각 끌어내기**

여러분의 꿈은 무엇이며, 왜 그 꿈을 가지게 되었나요?
그 꿈을 위해 지금 당장 실천할 수 있는 일은 무엇인가요?

 **라온쌤의 책 속으로**

　판타지 요소가 가득한 이 책은 간절한 꿈을 가진 제비, 두레박, 개 등이 의인화되어 등장해요. '꿈꾸는 집'이라는 판타지적 공간은 자신을 돌아보게 하는 힘이 있는 장소예요. 우리는 가끔 새롭고 낯선 공간에 가면 전혀 다른 생각이 들 때가 있어요.

　이 책에는 '독후감을 쓰기 위해 책을 읽으면, 책이 자존심 상해한다'라는 말이 나오는데 책을 진심으로 대하지 않는 모습을 되돌아보게 해요. 또, 남들이 다 좋다고 해도 내가 좋지 않으면 어쩔 수 없다고도 하지요. 결국 스스로 삶을 진정성 있게 살아야 함을 일깨워 줘요.

문학 | 하루 한 장 초등 필독서

교과 연계 : 6-2 과학_에너지의 효율적 이용   난이도 ★★★☆☆

한여름 도시에 발생한 정전!

아이고, 더워!

　매우 더운 한여름, 어느 도시에서 정전이 발생했어요. 날이 너무 더워 은행으로 몸을 피했던 동민이는 정전이 된 후 밖으로 나가 보았어요. 사람들은 허둥댔고, 사태는 금방 해결되지 않았어요. 그사이 가게들은 하나둘 문을 닫고 학교도 휴교령을 내렸어요. 사람들은 먹을 것을 사기 위해 사재기를 하거나, 마트를 습격하기도 했어요. 화를 내며 마트의 물건을 마구 부수는 사람들도 있었지요.

　소방서에서는 물을 나누어 주기 시작하다가 조금씩 양을 줄이더니 급기야 더는 나누어 주지 못했어요. 어느 교회 사람들은 자기들끼리만 음식을 나누어 먹기도 하고, 다른 사람의 물건을 빼앗기도 했습니다. 경찰은 점점 폭력적으로 변하는 사람들을 진압했어요. 동민이의 친구인 진수네 엄마는 동민이네 부모님이 출장을 가서 어른이 없다는 것을 노려 동민이네 집에 와서 쌀을 달라고까지 했어요. 힘든 나날이 계속되고 동민이가 길에서 데려왔던 고양이는 먹지 못해 결국 세상을 떠났습니다.

　혼란스러운 날이 이어진지 7일째 되던 날, 갑자기 번쩍 하고 불이 들어왔어요. 그 후로 6개월, 뉴스는 이 사태의 심각성과 함께 대책에 관해 이야기했어요. 또 무더운 한여름 일주일간 정전에 의한 사망자는 무려 3천 명이 넘었다고 밝혔어요.

블랙아웃 박효미 글, 마영신 그림 | 한겨레아이들 | 2023

어느 도시에서 일어난 일주일간의 정전 사태를 그린 동화예요. 정전이 된 이후 사람들이 보이는 이기적인 모습과 불완전한 사회 시스템을 보며, 위기에 대처하는 법에 대해 생각해 보게 해요.

라온쌤 뉴스 제 06호 　　　　　　　　　　　키워드 에너지 절약, 환경 보호

지구를 위한 한 시간, 어스 아워

에너지 절약을 위해 잠시 어둠 속으로!

서울 시청과 숭례문부터 수원 화성 행궁까지 서울의 대표적인 건축물들이 하나둘 불을 끄며 어둠 속으로 들어갔다. 매년 진행되는 '어스 아워(Earth Hour)' 캠페인은 매해 3월 마지막 토요일 저녁, 전 세계적으로 전등을 끄고 에너지의 소중함을 되새기기 위한 행사다. 올해 우리나라 곳곳에서도 이 캠페인에 동참했다.

서울의 대표적인 명소 서울 시청, 숭례문, 수원 화성 행궁, 예술의 전당 등 101곳을 포함해, 마포대교와 당산철교 등 한강의 28개 교량과 부산 광안대교까지 참여해서 도시의 밤하늘이 잠시 빛을 잃었다. 마포대교를 지나던 한 시민은 "평소에 다리가 전부 불빛으로 가득 차 있는 모습도 멋지지만, 오늘은 어스 아워를 맞아 어두운 다리의 모습을 보니 전기의 고마움을 더욱 느낄 수 있었다."라고 소감을 밝혔다.

이 행사는 온라인에서도 큰 호응을 얻었다. 초등학교와 유치원에서는 아이들과 함께 캠페인에 참여했고, 관련 방송에서 '어스 아워'의 의미와 효과에 대해 다루며 사람들의 참여를 이끌어냈다.

세계자연기금(WWF)의 주최로 시작된 어스 아워는 2007년 호주 시드니에서 처음 열린 이후, 전 세계적으로 확대된 글로벌 행사이다. 당시 시드니 시민 220만 명이 한 시간 동안 전등을 꺼서 2~10%의 전력이 절약되었다는 기록을 남기며 큰 화제를 모았다.

어휘 톡톡

- **소감** 마음에 느낀 바
- **주최** 행사나 모임을 주장하고 기획하여 엶.
- **전력** 단위시간 동안 전기 장치에 공급되는 전기 에너지

《블랙아웃》은 어떤 책일까?

일주일간의 정전 사태가 발생한 동안 어떤 일들이 일어났나요?

동민이가 데려온 길고양이는 결국 어떻게 되었나요?

기사를 읽은 후에 알게 된 것은?

세계자연기금의 주최로 시작된 '어스 아워'는 어떤 행사인가요?

호주에서 '어스 아워'를 처음 시행했을 때 어떤 성과를 거두었나요?

 **책과 기사를 읽은 후 하고 싶은 말**

《블랙아웃》에서 일어난 일이 실제로 우리가 사는 마을에 일어났다고 가정해 보세요.
사람들이 이기적인 행동을 하지 않고 질서를 지킬 수 있게 하려면 어떻게 해야 할까요?

 **내 안의 생각 끌어내기**

예상하지 못한 힘든 상황을 마주하면 사람들은 자신도 모르게 이기적으로 행동할 수 있어요.
이런 상황에 처했던 경험이 있다면, 그때의 상황과 느낌을 자세히 써 보세요.

 **라온쌤의 책 속으로**

  2018년 여름, 선생님이 사는 동네에도 여러 아파트에서 정전 사고가 발생했어요. 정전의 원인은 낡은 변압기를 미리 수리하지 못한 것으로, 주민들은 시청까지 가서 항의했지요. 여름에 일어난 정전은 끔찍한 일이지만, 무작정 항의하는 사람들을 보며 인간의 이기적인 모습이 떠올랐어요. 우리 사회에 이와 비슷한, 혹은 이보다 더 심각한 재난이 일어난다면 우리는 좀 더 성숙한 시민으로서 어떻게 대처해야 할지도 생각해 보세요.

문학 하루 한 장 초등 필독서

교과 연계 : 6-2 사회_지구촌의 평화와 발전   난이도 ★★★★☆

어느 날 찾아온 쉐벤보른의 비극

롤란트 가족은 방학이 되어 쉐벤보른에 있는 할아버지 댁으로 가는 길이었어요. 그때 갑자기 차 밖으로 무언가가 번쩍하는 것을 봅니다. 핵폭탄이 떨어진 거예요. 그순간 엄청난 섬광과 함께 폭풍이 일었으며, 한순간 고요해졌어요.

롤란트 가족은 직감적으로 핵폭발이라는 것을 깨닫고, 외할아버지와 외할머니의 안부를 확인하러 서둘러 쉐벤보른으로 갔어요. 그런데 두 분은 풀다에 가셨고, 풀다는 이미 핵폭발로 인해 엉망이 되어 결국 외할아버지와 외할머니의 생사를 확인하지 못합니다.

다시 집으로 돌아온 롤란트네 가족은 점점 변해가는 사람들의 모습을 마주해요. 혼란에 빠진 사람들은 도둑질하고, 남의 집을 빼앗았어요. 핵폭발 피해로 온갖 상처를 입은 사람들은 울부짖고 있었어요. 안타깝게도 롤란트의 누나와 동생은 원자병과 티푸스로 죽고, 엄마가 낳은 아기는 기형아였어요. 결국 엄마는 아기를 낳다가 세상을 떠났고, 아빠는 엄마를 땅에 묻으며 아기도 함께 묻습니다.

그런 상황 속에서도 롤란트는 핵폭발로 다친 사람들을 돕기 시작해요. 그들에게 물을 떠다 주기도 하고, 곁에서 간호도 하지요. 그렇게 4년이 흐른 후, 이곳은 어떻게 되었을까요?

핵폭탄이 떨어진 후 세상에 어떤 일이 벌어지는지, 그 참혹함과 안타까움을 생생하게 보여 주는 동화예요.

갑자기 비극이 시작되다니….

핵폭발 뒤 최후의 아이들   구드룬 파우제방 글, 함미라 역 | 보물창고 | 2015

세계 여러 나라 평론가들이 극찬한 작품으로, 핵폭발 이후 피폐해진 세상에서 살아남은 아이들의 삶을 통해 핵의 위협과 인류의 어리석음을 경고하는 작품이에요. 작가는 냉정하고 현실적인 시선으로 핵으로 인한 비극의 가능성을 이야기하며, 이러한 비극이 일어나기 전에 대비하는 게 중요하다고 경고해요.

라온쌤 뉴스 제07호   키워드 원자력 발전소, 탈핵

오래된 원자력 발전소, 과연 안전할까?

'**탈핵** 시민 행동'을 비롯한 여러 단체가 오래된 원자력 발전소의 수명 연장에 반대하고 나섰다. 현재 '한국 수력 원자력'에서는 고리 2·3·4호기, 한빛 1·2호기, 한울 1·2호기 등 총 7개의 오래된 원자력 발전소를 더 사용하기 위한 작업을 진행하고 있으며, 이에 대해 탈핵 단체들은 반대 의견을 담은 서류를 제출하고 기자 회견을 열었다.

탈핵 단체는 오래된 원자력 발전소를 계속 사용하는 것이 주변 주민들의 안전을 위협한다고 주장한다. 또한, 발전소를 계속 사용할 수 있는 **근거**가 불확실한데도 이를 명확하게 공개하지 않는 점을 비판했다. 특히 부산에 있는 고리 원자력 발전소는 소방법을 위반하고 무단으로 변경된 사례가 있으며, 전국에서 가장 많은 사건·사고가 발생한 곳이라는 점을 강조했다.

원자력 발전소는 핵 발전소라고도 하며, 원자핵이 붕괴하거나 핵반응을 일으킬 때 나오는 에너지를 이용해 전기를 만드는 시설이다.

고리 원자력 발전소는 우리나라 최초의 원자력 발전소예요.

원자력 발전은 화력 발전과 달리 온실가스를 거의 배출하지 않아 친환경 에너지로 알려져 있다. 우리나라 전력의 약 30%가 원자력 발전소에서 나오며, 경상도에 약 75%의 발전소가 있고, 전라도에도 일부가 있다.

수명이 다한 원자력 발전소는 정밀 **진단**을 거쳐 안전하다고 판단될 경우 수명 연장을 한다. 그러나 많은 사람이 일본 후쿠시마 원전 사고를 예로 들며, 노후한 원전의 위험성에 대해 걱정하고 있다.

어휘 톡톡
- **탈핵** 핵무기, 핵 발전소 등의 일에서 벗어남
- **근거** 어떤 일에 대한 까닭
- **진단** 어떤 상황에 대해 상태를 판단함

《핵폭발 뒤 최후의 아이들》은 어떤 책일까?

핵폭발이 일어난 이후 롤란트가 사는 마을에 어떤 일이 벌어졌나요?

핵폭발 이후 롤란트가 사람들을 위해 했던 일은 무엇이었나요?

기사를 읽은 후에 알게 된 것은?

탈핵 단체가 원자력 발전소의 수명 연장에 반대하는 이유는 무엇인가요?

원자력 발전소는 어떤 원리로 전기를 만들고 있나요?

 **책과 기사를 읽은 후 하고 싶은 말**

핵 기술은 잘 활용하면 인간에게 이로울 수 있지만, 철저히 관리하지 않으면 큰 재앙이 될 수 있어요. 우리는 핵을 안전하게 관리하기 위해 어떤 노력을 해야 할까요?

 **내 안의 생각 끌어내기**

친환경 에너지이지만, 자칫 주변 주민의 건강을 위협할 수 있는 오래된 원자력 발전소를 계속 사용하는 것에 대한 여러분의 찬성 혹은 반대 의견을 써 보세요.

 **라온쌤의 책 속으로**

　　1983년에 발표한 작품으로, 40년이 지난 지금까지 많은 사랑을 받고 있어요. 작가는 오랜 시간 교사로 활동하며 환경, 평화, 빈곤 등 굵직한 사회 문제를 다룬 작품을 썼고, 여러 문학상을 받았어요. 선생님은 25년 전에 이 책을 처음 읽고 큰 충격을 받았어요. 선전 포고로 전쟁을 경고하지도 않고, 어떠한 설명도 없이 그저 핵이 떨어진 직후의 모습을 담담히 그려내고 있는데, 그 안에서 전쟁의 참혹함과 무서움을 잘 표현하고 있기 때문이에요. 이 책을 읽다 보면 핵의 무서움과 동시에 전쟁은 과연 누구를 위한 것인지 생각해 보게 된답니다.

교과 연계 : 5-2 국어_함께 연극을 즐겨요　　　　　　　　　　　　난이도 ★★★★☆

서로가 서로를 이해할 때

　연수는 어릴 때부터 조약돌을 먹었어요. 동네의 돌을 다 먹어 치울 정도로 돌 먹기를 좋아했지요. 어느 날 엄마가 이 사실을 알게 되어 크게 놀랐고, 그 후로 연수는 돌을 먹지 않으려고 노력했어요. 하지만 어느 날 화분의 조약돌을 다시 먹기 시작했고, 화분의 돌뿐만 아니라 길가의 돌까지 먹기 시작했어요. 더는 먹을 돌이 없어 급기야는 한 산골 마을까지 가서 돌을 먹었어요.

　집으로 돌아온 연수는 용기를 내어 이 사실을 가족들에게 고백했어요. 그런데 가족들의 반응이 놀라웠어요. 아빠는 흙을 먹고 있었고, 엄마는 못을 먹고 있었으며, 누나는 지우개를 먹는다며 모두 고백해 버린 거예요. 이야기를 마치고 가족들은 다함께 눈물을 흘립니다. 그리고 각자 좋아하는 것으로 도시락을 싸서 소풍을 가요.

　표제작인 <돌 씹어 먹는 아이>의 줄거리예요. 돌을 씹어 먹는다니 좀 이상할 수 있지만, 이야기를 다 읽고 나면 연수네 가족 모두가 안쓰럽게 느껴지기도 해요.

　이 책에 수록된 7편의 단편 동화는 모두 강렬하고 신선해요. 할 말을 못 하고 끙끙 앓는 아이, 어딘가에 진짜 엄마 아빠가 있을 거라고 한 번쯤 꿈꿔 본 아이, 돌림노래처럼 이어지는 잔소리와 잠시 떨어져 있고 싶은 아이 등 어린이의 삶을 다층적으로 보여 주며, 아이들 스스로 삶을 견고히 다져 나가는 모습도 엿볼 수 있답니다.

비밀을 가족들과 나눌 수 있어 행복해!

돌 씹어 먹는 아이 송미경 글, 안경미 그림 | 문학동네 | 2014

웅진주니어 문학상, 한국출판문화상을 받은 송미경 작가의 단편 동화집이에요. 총 7편의 단편이 실려 있는데, 모두 우리 삶의 면면을 꿰뚫어 보고 있는 독특하고 기묘한 이야기로 가득해요.

라온쌤 뉴스 제 08호 **키워드** 가정 위탁, 복지 제도

5월 22일은 가정 위탁의 날

매년 5월 22일은 '가정 위탁의 날'이다. 보건복지부가 지정한 이 날은 친부모, 친형제가 아닌 가족들도 모두 행복하게 성장할 수 있게 하자는 의미를 담고 있다.

모든 어린이나 청소년이 행복한 가정에서 살지는 못한다. 부모가 아프거나 헤어지며 아이를 어딘가에 맡긴 경우, 부모가 세상을 떠났거나 아동 학대로 인해 보호가 필요한 경우, 또는 부모가 잘못을 저질러 감옥에 있는 경우 등 다양한 상황으로 친부모의 보호를 받지 못하는 어린이들이 있다. 이러한 어린이들을 '보호 대상 아동'이라고 부르며, 이들을 일시적으로 '위탁 가정'에서 돌보는 아동복지 제도가 바로 '가정 위탁'이다. 이 제도는 아이들이 원래 가정으로 돌아가기 전까지 건강하고 안정적인 환경에서 성장할 수 있도록 돕는다.

위탁 가정으로 아이를 돌본 경험이 있는 사람들은 돌봄의 행복에 대해 이야기한다. 처음

에는 두려움과 불안이 많았던 아이들이 사랑과 보살핌을 통해 점차 변화하는 모습을 보며 감동을 느꼈다는 경험담이 많다. 또한, 위탁 과정을 통해 가족 간의 화목이 더 깊어졌다는 이야기들도 있다. 가정 위탁 제도는 보호받는 아이도, 돌보는 가족에게도 행복과 희망을 주는 일이다.

🔍 **어휘 톡톡**

- **위탁** 남에게 사물이나 사람의 책임을 맡김
- **보건** 건강을 온전히 잘 지킴
- **복지** 행복한 삶

 **《돌 씹어먹는 아이》는 어떤 책일까?**

〈돌 씹어 먹는 아이〉에서 연수가 돌을 먹지 않기 위해 노력한 이유는 무엇인가요?

연수가 가족에게 돌을 먹는다는 사실을 고백하자 어떤 일이 벌어졌나요?

기사를 읽은 후에 알게 된 것은?

가정 위탁 제도를 만든 이유는 무엇인가요?

보호 대상 아동을 돌봐준 가정이 오히려 행복을 느낀 이유는 무엇인가요?

 **책과 기사를 읽은 후 하고 싶은 말**

친부모, 친형제가 아닌 사람들로 구성된 가족, 위탁 가정 등 가족의 모습은 매우 다양해요.
여러분은 가족을 이루는 데 가장 중요한 것이 무엇이라고 생각하나요?

 **내 안의 생각 끌어내기**

〈돌 씹어 먹는 아이〉의 가족처럼 우리 가족이 진솔하게 이야기를 나눈다면,
가족에게 어떤 이야기를 털어놓고 싶은가요?

 **라온쌤의 책 속으로**

　선생님은 이 책을 처음 읽었을 때 신선함을 느꼈어요. 이야기들의 상징성이 짙고, 전달하고자 하는 메시지의 의미가 깊다고 생각했기 때문이에요. 이 책을 쓴 송미경 작가의 작품들은 통쾌한 이야기, 여운이 남는 이야기 그리고 깊이 생각해 볼 이야기 등 매력적인 내용이 많아요.
　이 책의 7개 단편 중 〈혀를 사 왔지〉는 혀를 의인화한 그림이 아주 인상적인데, 어떤 친구들은 기괴하다고도 표현했어요. 여러분도 그런 혀가 있다면 누구에게, 어떤 말을 하고 싶을지 생각해 보세요.

2장

철학

Book & News

철학책은 왜 읽어야 할까요?

생각하는 힘을 길러주는 철학

　아침에 학교에 가고, 점심때 밥을 먹는 동안, 학원에서 공부할 때나 집에서 숙제하고 쉴 때, 잠자리에 들기까지 여러분은 오늘 어떤 생각을 했나요?

　우리는 매일 생각하며 살아요. 간단하게는 무엇을 먹을까부터 시작해서 어떤 것을 선택할지, 어떻게 행동해야 할지 등에 대해서 말이지요. 그런데 엄밀히 말하면, 그런 것은 생각이라고 하기 어려워요. 단편적인 생각이 아닌, 진짜 '생각'이라는 것은 더 깊은 의미를 담고 있어요.

　그렇게 진짜 생각을 하는 학문을 '철학'이라고 하지요. 우리에게 '있다'는 것은 무엇인지, '안다'는 것은 무엇인지, '좋다'는 것, '옳다'는 것은 무엇인지를 끊임없이 탐구하고 고민하는 것이 바로 철학이에요. 예를 들어, 당연히 우리가 여기 '있다'라고 생각하지만, 인간이 정말 이 세상에 있는 것이 맞는지 생각해 본 적이 있나요? 또는 '안다'라고 말했던 것을 정말 아는 것일까요? 또 '좋다'라는 것은 정말 어떤 의미일까요? 우리가 좋다고 믿었던 대상이 변하면 '좋다'라는 감정도 유지될까요? 옳고 그름에 대한 가치 판단은 또 어떤가요?

　이런 복잡해 보이는 문제들에 대해 끊임없이 생각하고 고민해야 해요. 이 세상에는 답이 없는 문제가 많기 때문에 스스로 고민하고 탐구하는 만큼 보는 눈이 밝아지고 그래야 옳은 길을 찾아갈 수 있지요. 만약 이렇게 열심히 생각하지 않으면, 주체성이 없어 다른 사람의 생각대로 살 수밖에 없어요. 이런 사람이 너무 많으면, 그들이 모여 사는 '사회'라는 공동체도 생각 없이 흘러가게 된답니다. 그러면 그 공동체 속에

속한 개인은 더욱 주체성을 잃게 되고, 결국 인간의 본질을 잃어버릴 수 있어요.

이러한 것들을 끊임없이 고민하고 탐구하며, 또 다른 사람에게도 생각하며 살 것을 이야기하는 사람이 바로 철학자랍니다. 철학자마다 생각, 사상이 조금씩 다르지만 우리는 그들을 통해 지식을 얻는 것이 아니라 생각하는 법을 배우는 것이므로 때로는 만나볼 필요가 있답니다.

그래서 이번 장에는 여러분이 읽는 동안 끊임없이 생각할 수 있도록 선생님이 추천하는 철학 관련 도서를 모았어요. 읽다 보면 삶과 용서, 행복, 자유, 정의 등에 대해 자연스럽게 고민하게 될 거예요. 매일 바쁜 생활에 치여 아무 생각도 하지 않고 살면, 자기도 모르는 사이에 다른 사람이 생각하는 대로 살게 된다는 것을 잊지 마세요!

 **철학책은 어떻게 읽어요?**

　평소 생각하는 습관이 없다면 철학책 읽기가 조금 어려울 수 있어요. 하지만 걱정하지 마세요. 책을 다 읽는 것이 목적이 아니라, 몇 페이지를 읽더라도 의미를 제대로 이해하고 지혜를 얻으면 되니까요. 다음 방식을 고려하며 읽으면 더 쉽게 철학이 주는 즐거움을 찾을 수 있답니다.

1. 책이 언급하는 소재 찾기
우리가 사는 세상은 매우 복잡하고 생각할 거리도 많기 때문에 철학책들은 보통 한 가지 소재에 대해서만 이야기해요. 예를 들어, '자유'나 '행복' 같은 것들이에요. 읽고 있는 책이 어떤 소재에 대해 이야기하는지 제목이나 목차를 보고 먼저 파악해 보세요.

2. 소재에 대한 자신만의 정의 내리기
책을 읽기 전에, 주요 소재에 대해 자신만의 정의를 내려 보세요. 예를 들어 행복이란 무엇인지, 자유란 무엇인지 등의 질문에 답해 보는 것이지요. 이렇게 고민하다 보면 책에서는 이런 질문에 어떻게 이야기하는지 궁금해질 거예요.

3. 철학자에 대해 조사하기
철학자가 등장하거나 철학자의 사상을 다룬 책이라면, 그 철학자에 대해 먼저 알아보는 게 좋아요. 이곳에 소개한 책들은 철학자의 사상을 어린이 눈높이에 맞춰 쉽게 풀어냈지만, 정작 철학자에 대한 정보는 놓칠 수 있어요. 철학자마다 사상이 다르기 때문에 먼저 그 사람에 대해 찾아보면 책 내용을 더 잘 이해할 수 있어요.

4. 책에서 말하는 정의 찾기
철학책은 우리에게 다양한 생각할 거리를 제공하면서도, 자신만의 정의를 내리고 있어요. 책을 읽으면서 이런 정의를 찾아 따로 정리해 보세요. 예를 들어, 책에서 "행복은 자기 자신 안에 있다."라고 말한다면, 그 문장을 적어 두고, 왜 그렇게 말했는지 생각해 보는 거예요.

5. 반복해서 읽기

때때로 뭔가 중요한 의미를 담고 있는 것 같지만, 정확히 이해되지 않는 문장이 있을 거예요. 그럴 때는 그 부분을 표시해 두고 여러 번 읽어 보세요. 시간이 지나면서 조금씩 이해될 수 있어요. 혹시 바로 이해되지 않더라도, 그 문장이 마음에 남아 있다면 언젠가 그 의미가 문득 떠오를 때가 있답니다.

6. 의문 제기하기

철학책은 다양한 생각과 관점을 보여 주지만, 그것이 모두 정답이라고 할 수는 없어요. 책을 읽으면서 의문이 생긴다면, 스스로 질문해 보세요. 책에 포스트잇을 붙이거나 노트에 적어 두는 것도 좋은 방법이에요.

7. 실제 생활에 적용할 내용 찾기

철학책은 우리 삶과 밀접하게 연결된 이야기를 다루기 때문에 생활에 적용할 부분을 찾을 수 있어요. 예를 들어, "이 생각은 내 하루를 더 행복하게 만드는 데 어떻게 도움이 될까?" 같은 질문을 떠올리며 메모해 보세요. 그러면 철학을 실생활과 연결하며 더 깊이 이해할 수 있을 거예요.

교과 연계 : 5-1 도덕_갈등을 해결하는 지혜

난이도 ★☆☆☆

복수와 용서의 가운데에서

아툭은 에스키모 소년이에요. 다섯 살이 되었을 때 아빠는 아툭에게 갈색 개와 썰매를 선물해 주었어요. 기쁨에 찬 아툭은 개에게 '타룩'이라는 이름을 지어 주었어요. 언젠가는 타룩과 함께 자신만의 큰 썰매를 몰겠다는 꿈도 꾸었지요.

그런데 어느 날, 아빠와 사냥을 나갔다가 타룩이 그만 늑대에게 물려 죽고 말아요. 절망과 분노로 가득 찬 아툭은 늑대에게 복수하기로 마음먹어요. 아직 힘이 부족한 어린 아툭은 활쏘기 연습을 비롯해 창 던지기, 헤엄치기, 썰매 타기에 온 힘을 기울입니다.

그리고 마침내 복수할 기회를 만나요. 다시 늑대를 만난 거예요. 거센 바람과 폭풍도 두렵지 않았던 아툭은 망설임 없이 늑대를 죽입니다. 그런데 복수하면 마음이 마냥 후련할 것으로 생각했지만, 사실 그렇지 않았어요. 아툭의 눈에는 텅 빈 툰드라만 보일 뿐이었어요. 아무것도 달라지지 않았고, 늑대를 죽여도 타룩이 돌아오지 않는다는 것을 깨달았어요. 오히려 아툭의 마음은 슬픔으로 가득 찼답니다.

시간이 지나 아툭은 툰드라에 핀 작은 꽃과 친구가 돼요. 그리고 작은 꽃에게 아끼고 사랑한다고 말해 줘요. 거센 바람도, 거친 짐승도 몰아내 주고 내내 보살펴 줄 거라고 말이지요. 그렇게 아툭은 증오와 죽음은 자신을 더 슬프게 할 뿐이고, 사랑과 용서가 훨씬 더 큰 힘을 가지고 있음을 깨닫게 돼요.

아툭 미샤 다미안 글, 요첵 빌콘 그림, 최권행 역 | 한마당 | 1995

사랑하는 존재를 잃고, 누군가를 미워하게 되어 되갚아 주고 싶은 마음을 느끼지만, 결국 용서와 사랑이 더 큰 가치가 있음을 깨닫게 되는 이야기예요. 이별과 죽음, 미움과 사랑에 대한 메시지를 이국적인 일러스트와 함께 전하는 따스한 동화예요.

필독서와 함께 읽는 뉴스

라온쌤 뉴스 제 09호　　　　　　　　　　　　키워드 학교 폭력, 유튜버

나를 때린 친구들아, 잘 살고 있니?

얼마 전 학창 시절에 겪은 학폭 가해자들에게 일침을 가한 한 유튜버의 말이 주목받고 있다. 그는 과거에 자신을 괴롭혔던 이들을 향해 "너희 얼마 버니?"라고 자신 있게 묻는 영상에서 농담처럼 복수의 말을 던졌다. 그가 학폭으로 인해 힘들었던 시간을 보냈던 만큼, 현재 성공한 유튜버로서 자신을 괴롭힌 이들에게 자신의 성취를 복수처럼 전한 것이다.

"나를 괴롭힌 친구들을 절대 잊을 수 없어!"

해당 유튜버는 초등학교부터 고등학교까지 끊임없이 학폭에 시달렸다고 고백했다. 심지어 고등학교를 마치지 못하고 자퇴한 그는 한국인이 없는 곳에서 생활하기 위해 해외로 떠났고, 지금은 여행 유튜버로서 큰 성공을 거두었다. 그는 이와 비슷한 경험을 가진 사람들에게 "자신을 낮추거나 자책하지 말라."라는 조언을 남기며, 자신의 이야기를 통해 위로와 응원의 메시지를 전했다.

반면, 학폭 가해자라는 사실이 드러나 몰락한 유명인들의 소식도 들려온다. 이들은 과거의 잘못이 결국에는 돌아온다는 교훈을 남기며, 사람들에게 씁쓸한 충격을 주고 있다. 하지만 학폭 피해자 중에는 가해자에게 복수하고 싶은 마음을 간직한 채, 아직 그때의 기억을 잊지 못하고 살아가는 이들이 더 많다. 결국, 학교 폭력은 가해자와 피해자 모두에게 깊은 상처를 남기기 때문에 해결과 치유에 앞서 예방하기 위한 노력이 적극적으로 필요하다.

🔍 어휘 톡톡

- **주목** 관심을 가지고 주의 깊게 살핌
- **자책** 자신을 탓하는 것
- **몰락** 재산 또는 힘이 사라져 무너짐

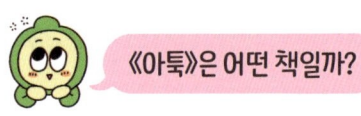

《아툭》은 어떤 책일까?

타룩이 죽고 나서 아툭이 했던 일은 무엇인가요?

결국 아툭은 늑대를 찾아가 죽였지만, 행복하지 않은 까닭은 무엇인가요?

기사를 읽은 후에 알게 된 것은?

기사에 나온 유튜버는 자기와 비슷한 경험을 한 사람들에게 어떤 조언을 해주었나요?

학폭 가해자라는 과거가 밝혀져 몰락한 유명인들 사례에서 얻을 수 있는 깨달음은 무엇인가요?

 **책과 기사를 읽은 후 하고 싶은 말**

아툭은 늑대에게 복수한 후에 마음이 오히려 슬펐어요. 유튜버도 복수처럼 성공을 이야기했지만, 방송을 본 사람들에게 여러 가지 감정을 느끼게 했어요. 복수와 용서 중 어떤 것이 더 마음에 평화를 줄 수 있을지 여러분의 생각을 써 보세요.

 **내 안의 생각 끌어내기**

증오심과 복수는 오히려 자신을 외롭게 만든다고 해요. 만약 다른 사람과 갈등이 생겼을 때 혹은 누군가가 너무 밉고 싫을 때 여러분의 해결 방법은 무엇인가요?

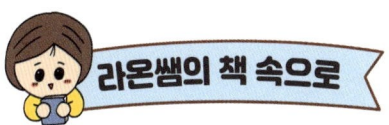 **라온쌤의 책 속으로**

　우리나라에서는 1995년, 그러니까 무려 30여 년 전에 출간된 책이에요. 선생님은 조금 어두워 보이는 그림과 이야기 안에 녹아든 삶과 죽음, 사랑, 이별, 용서, 미움이라는 단어가 마음에 확 와닿았어요. 남을 미워하는 마음을 빨리 버리라고 말하고 싶지는 않아요. 그건 결코 마음대로 되지 않아요. 또 복수가 무조건 나쁘니 용서하라는 말은 상처받은 마음을 치유할 방법을 찾지 못한 사람에게 또 다른 상처가 될 수 있으니 쉽게 할 수 없는 말이지요. 다만 여러분도 누군가가 너무 밉다면, 이 책을 읽으며 아툭의 마음을 천천히 느껴 보세요. 그것만으로도 마음이 가라앉을 거예요.

철학 | 하루 한 장 초등 필독서

교과 연계 : 6-1 사회_우리나라의 정치 발전   난이도 ★★★☆☆

진정한 자유란 무엇일까?

자유는 모든 이에게 소중해요!

사람들은 보통 원하는 걸 모두 할 수 있어야 자유롭다고 생각해요. 하지만 어떤 조건이나 제한 때문에 하지 못할 때도 있고, 스스로 원하는 것이 무엇인지 모를 때도 많지요.

그러나 원하는 것을 모두 할 수 있는 건 방종이에요. 자유는 조금 다르답니다. 자유란 무언가를 선택하고, 그 선택을 실천하는 용기와 때로는 하지 못하는 것을 포기할 줄 아는 태도를 뜻해요.

이 책은 자유를 방해하는 것이 '어른들의 명령' 때문이라고 말하지만, 사랑으로 자신감을 주는 것도 어른이라고 해요. 진정한 자유는 자신을 믿는 데서 시작되며, 그 안에서 진짜 자유로울 수 있음을 알려 줍니다. 물론 지금 어린이들은 어른들보다 덜 자유롭다고 느낄 수 있어요. 하지만 어른이 되면 더 많은 책임과 의무가 생기고, 세상을 다 안다고 착각하는 순간, 어른도 자유를 잃게 될 수 있어요. 자유란 자신의 삶에 스스로 책임을 지는 것이기 때문이에요.

책에서는 자유가 없을 수밖에 없는 상황에 처한 너무 가난하거나 권리를 존중받지 못하는 나라를 예로 들고 있어요. 그런 경우에는 자유를 얻기 위해 싸워야 할 때도 있지요. 무엇보다 서로의 자유를 존중하고 제한하지 않는 것이 중요하다고 강조합니다. 비록 우리는 모두 언젠가는 죽음을 맞이하지만, 최선을 다해 자유를 누리며 살아야 하고 나의 자유뿐만 아니라 다른 사람의 자유도 소중하다는 것을 잊지 마세요.

자유가 뭐예요? 오스카 브르니피에 글, 프레데릭 레베나 그림, 양진희 역 | 상수리 | 2008

진정한 자유가 무엇인지 재미있는 그림과 함께 알려 주는 어린이 철학책이에요. 진짜 자유는 자기 마음대로 하는 것이 아니며, 자유에도 따라야 할 책임이 있다는 것을 일깨워 주며, 자유를 대하는 생각과 태도를 돌아보게 해요.

라온쌤 뉴스 제10호　　　　　　　　　　　　　　　　　　　　**키워드** 선생님, 예의

선생님께 함부로 구는 아이들

최근 한 초등학교에서 선생님이 학생에게 폭행당하는 일이 일어났다. 전학 온 지 이틀 된 한 학생이 담임 선생님과 교감 선생님에게 폭력을 행사한 것이다. 담임 선생님은 팔에 상처를 입었고, 이 일로 인해 큰 충격을 받아 정신과 치료까지 받게 되었다.

해당 학생은 폭력성이 있어 상담 치료를 받아 왔지만, 상태가 크게 좋아지지 않았다고 한다. 담당 의사는 부모에게 이 학생이 등교하지 않는 것이 좋다고 권했으나, 의무 교육인 초등학교는 학생의 등교를 막을 수 없었다. 학교로서는 전학을 보내는 것 외에 마땅한 해결책이 없는 상황이다.

사실 초등학생이 선생님을 폭행하는 일은 드문 경우다. 중·고등학교에서는 비슷한 일이 종종 있었지만, 이 사건은 초등학교에서 일어나 더욱 큰 충격을 주고 있다. 이에 따라 교육계에서는 폭력적인 학생에게 어떻게 대처해야 할지에 대한 빠른 대책을 요구하고 있다. 하지

아이들의 폭력으로 선생님도 힘들어요!

만 단순히 전학을 보낸다고 해서 문제가 해결되는 것은 아니다. 전학을 보내면 다른 학교의 선생님이 똑같이 피해를 입을 수도 있기 때문이다.

학생들이 학교에서 권리를 누리기 위해서는 지켜야 할 예의와 규칙이 있다. 이를 위해 학교뿐만 아니라 가정에서도 학생들이 타인에게 피해를 주지 않도록 철저한 교육이 필요하다는 목소리가 높아지고 있다.

어휘 톡톡

- **폭행** 다른 이를 때리는 것
- **의무 교육** 의무적으로 받도록 국가에서 정한 교육
- **권리** 어떤 일을 행하거나 타인에 대하여 당연히 요구할 수 있는 힘이나 자격

 《자유가 뭐예요?》는 어떤 책일까?

자유와 방임의 차이는 무엇인가요?

자유를 얻기 위해 싸워야 할 때는 언제인가요?

기사를 읽은 후에 알게 된 것은?

학생이 교사를 폭행해도 전학 조치밖에 할 수 없는 이유는 무엇인가요?

학교에서 학생들이 각자의 권리를 누리고 싶다면, 무엇을 지켜야 할까요?

책과 기사를 읽은 후 하고 싶은 말

여러분이 생각하는 '진정한 자유'란 무엇이며, 서로의 자유를 침해하지 말아야 하는 이유를 써 보세요

내 안의 생각 끌어내기

자유를 누리기 위해서는 서로의 자유를 존중하는 것이 중요해요. 학교에서 선생님을 존중하는 행동에는 어떤 것들이 있는지 써 보세요.

라온쌤의 책 속으로

　북한에 비하면 우리는 매우 자유로운 삶을 살고 있어요. 그런데 우리 또한 다른 사람의 권리를 침해하면 자유를 제한당할 수 있어요. 그래서 이 책은, 자유는 누리기만 하는 것이 아니라 다른 사람의 권리를 존중할 때 의미가 있다고 강조해요. 최근 어린이가 어른에게 하지 말아야 할 행동과 말을 하는 등 자유를 넘어선 일들이 문제가 되고 있어요. 어린이는 당연히 존중받아야 하지만, 그만큼 다른 사람도 존중해야 한다는 것을 함께 배워야 해요. 이 책을 통해 진정한 자유, 책임지는 자유, 성숙한 자유에 대해 생각해 보길 바라요.

철학 하루 한 장 초등 필독서

교과 연계 : 5-1 국어_글쓴이의 주장   난이도 ★★★★☆

서양 대표 철학자들의 눈높이 철학 수업

알쏭달쏭한 다섯 명의 철학자와 그들의 사상을 그림과 일상 속 이야기로 쉽게 설명해요. 고대 그리스의 철학자 플라톤은 '진정한 존재는 이 세상 너머에 있다'라는 이데아 개념을 만들었어요. 현실에 존재하는 것은 언젠가 없어지지만, 이데아는 없어지지 않는다고 했지요. 프랑스의 철학자 데카르트는 '나는 생각한다, 고로 존재한다'라는 명언을 남겼어요. 우리가 존재한다고 믿을 수 있는 확실한 근거는 오직 '생각하는 능력뿐'이라는 뜻이에요. 내가 생각하는 자체는 의심할 수 없으므로, 우리가 살아 있음을 확실히 알 방법은 '생각하고 있다'라는 사실뿐이라는 의미이지요.

독일의 철학자 칸트는 '인간은 자기 자신에게 명령할 수 있고, 그래서 자유롭다'라고 했어요. 하고 싶은 일만 하는 것은 동물처럼 욕망과 감정에 지배되는 것이며, 하고 싶은 일을 참으며 해야 할 일을 하는 게 곧 자유라고 했지요. 독일의 철학자 마르크스는 '사람은 자신이 노동하고도 자신이 만든 것을 갖지 못한다'라는 노동의 소외에 대한 개념을 이야기했어요. 일하는 것은 자신의 본질을 파는 것이라서 일할 때 힘들고, 일을 마치면 자기 자신으로 돌아오는 것 같다고 했지요. 이런 현실을 바꾸어야 한다고도 말했어요.

프랑스의 철학자 사르트르는 '실존이 본질에 앞선다'라고 했어요. 우리는 날마다 여러 가지를 결정하고 선택하며 자신을 만들어 가기 때문에 우리가 실제 존재하는 자체가 의미 있다는 뜻이랍니다.

이봐, 좀 더 깊이 생각해 보게!

세상에서 가장 쉬운 철학책 우에무라 미츠오 지음, 고선윤 역 | 비룡소 | 2009

서양의 대표 철학자 다섯 명인 플라톤, 데카르트, 칸트, 마르크스, 사르트르의 철학 이론을 간단한 문장과 그림을 활용해 그림책처럼 어린이의 눈높이에 맞게 알려 주는 철학 강의예요. 다소 어렵지만 꼭 알아야 할 철학 이론의 기본을 다질 수 있어요.

라온쌤 뉴스 제11호　　　　　　　　　　　　　　　　키워드 숏폼, 알고리즘

숏폼의 시대, 생각하지 않는 사람들

최근 소셜미디어에서는 숏폼 영상이 큰 인기를 끌고 있다. 짧고 자극적인 영상에 많은 사람이 빠져들고 있으며, 숏폼 영상을 보느라 밤을 새웠다는 이야기도 쉽게 들을 수 있다. 사람들은 왜 이렇게 숏폼에 열광하는 걸까?

숏폼은 주로 시각적이고 감각적인 자극을 추구하기 때문에 짧고 간결하다. 깊은 사고나 분석이 필요하지 않아 누구나 쉽게 즐길 수 있다. 그러나 이런 식의 사고는 빠르게 정보를 소화하고 간단한 결정을 내릴 때는 유용할지 모르지만, 복잡한 문제를 이해하고 해결하는 능력을 방해할 수 있다. 짧은 영상과 콘텐츠가 깊이 있는 사고와 분석을 방해하고, 사용자의 집중력을 떨어뜨릴 수 있기 때문이다. 또한, 가벼운 내용의 정보만 꾸준히 접하면 비판적 사고력을 약화시키고, 알고리즘이 선별한 제한적인 정보만 접하게 된다.

사람은 스스로 삶을 의심하고, 생각에 젖어 있는 시간이 필요하다. 그러나 바쁜 하루 속에서 짧은 휴식 시간을 숏폼 영상 시청에 쓰는 일이 많아진다면, 우리는 다양한 관점에서 깊이 있게 생각하는 법을 잃게 될 수 있다.

그러니 숏폼의 장점은 활용하면서 독서와 철학적 사고 등을 통해 빠른 정보 습득과 깊이 있는 학습 사이의 적절한 조화를 찾는 것이 무엇보다 중요하다.

어휘 톡톡

- **열광** 너무 기쁘거나 흥분하여 미친 듯이 날뜀
- **간결** 간단하면서도 짜임새 있음
- **알고리즘** 온라인으로 검색할 때, 다음에 무엇을 보여 줄지 바로바로 결정하는 똑똑한 순서들

 《세상에서 가장 쉬운 철학책》은 어떤 책일까?

이 책에 등장하는 다섯 명의 철학자는 누구인가요?

플라톤이 말한 '이데아'란 무엇인가요?

기사를 읽은 후에 알게 된 것은?

요즘 사람들이 숏폼 영상에 열광하는 이유는 무엇인가요?

숏폼 영상만 너무 많이 보면 어떤 문제가 생길까요?

 **책과 기사를 읽은 후 하고 싶은 말**

만약 알고리즘을 통해 여러분이 편견과 선입견이 담긴 제한된 정보만 반복해서 보게 된다면 어떤 문제가 일어날까요?

 **내 안의 생각 끌어내기**

숏폼 시청 및 스마트폰 사용과 깊이 있는 사고를 위한 독서 등의 활동을 균형 있게 하기 위해 여러분이 실천할 수 있는 계획을 세워 보세요.

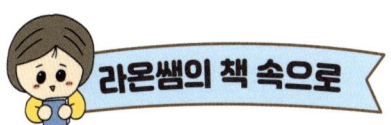 **라온쌤의 책 속으로**

선생님과 만났던 한 친구가 〈시계〉라는 제목의 시를 썼어요. '매일 째깍째깍 움직이는 시계처럼 자기 삶도 매일 쳇바퀴 돌듯 째깍째깍'이라는 문장으로 마음을 표현했지요. 이 시를 읽으며 선생님은 어른들도 비슷한 삶을 살고 있다고 생각했어요. 선생님 또한 매일 해야 할 일을 열심히 하다가도 문득 이 모든 것은 어떤 의미인가, 고민하게 될 때가 있거든요. 이럴 때 우리에게 필요한 사람은 바로 철학자랍니다. 그들은 '우리는 왜 여기에 있는가?', '무엇이 옳고 그른가?'처럼 근본적인 질문을 던지는 사람이에요. 이들의 이야기를 듣다 보면, 세상을 바라보는 새로운 시선이 열리며 우리 삶의 의미를 더 잘 찾을 수 있을 거예요.

교과 연계 : 6-1 도덕_공정한 생활   난이도 ★★★★★

세상에는 답이 없는 문제가 많다

　빠른 속도로 달리는 기차의 기관사가 선로 위에서 일하는 다섯 사람을 보았어요. 이대로라면 그들이 기차에 치이겠지만, 기차의 속도가 너무 빨라서 멈출 수는 없어요. 이때 반대쪽 선로에는 한 사람만 일하고 있었어요.

　기관사는 어느 쪽으로 가야 할지 고민할 수밖에 없어요. 최대 다수의 최대 행복을 위해서라면 한 사람만 희생시키는 것이 옳을까요? 그러나 많은 사람을 살릴 수 있다고 해서 한 사람을 죽이는 일이 정당할까요? 이게 바로 그 유명한 '트롤리 딜레마'입니다. '딜레마'란 선택해야 할 길은 두 가지 중 하나인데, 그 어느 쪽을 선택해도 바람직하지 못한 결과가 나오게 되는 곤란한 상황을 말해요.

　이런 고민은 누가 시작했을까요? 제러미 벤담은 어느 것을 보든 더 많은 이에게 행복을 주는 것이면 괜찮다고 말해요. 그러나 존 스튜어트 밀은 분명히 더 수준 높은 즐거움이 있다고 이야기하지요.

　하버드 대학교 교수님의 강의를 풀어낸 이 책에 나오는 이야기는 어린이도 읽을 만큼 쉽게 설명했지만, 그 내용은 절대 가볍지 않답니다.

　살다 보면 어떤 것을 선택해야 할지 모르는 '딜레마' 상황이 우리에게 찾아와요. 이 책은 그런 상황을 다양하게 제시해서 우리 생각을 깊이 있게 끌어내 준답니다.

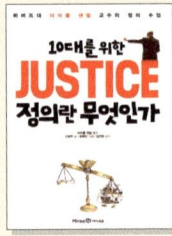

10대를 위한 정의란 무엇인가 마이클 샌델 원저, 신현주 글, 조혜진 그림 | 미래앤아이세움 | 2014

마이클 샌델의 '정의란 무엇인가'를 10대 눈높이에 맞추어 쉽게 풀어냈어요. 간결한 그림과 그림을 이해할 수 있는 단문들로 이루어져서 쉽게 읽히며 생각할 거리도 아주 많아요.

라온쌤 뉴스 제12호 **키워드** 세금, 부자 증세

부자들에게 세금을 더 걷는 나라들

　최근 경제 위기를 맞은 독일이 부자에게 세금을 더 걷고, 그 돈을 서민의 생활 안정과 교육에 쓰겠다고 발표했다. 부자들이 돈이 많은 만큼 세금을 더 내고, 그 돈을 공공의 이익을 위해 사용한다는 생각에서다. 이처럼 부자들에게 더 많은 세금을 걷는 정책을 '부자 증세'라고 한다.

　사실 부자 증세는 독일뿐만 아니라 많은 나라에서 실시한다. 가장 먼저 부자 증세를 시작한 나라는 스웨덴으로, 1910년에 '부유세'를 도입했다. 이후 프랑스, 스위스, 리히텐슈타인, 네덜란드, 노르웨이, 인도가 부자들에게 세금을 더 걷기 시작했다. 우리나라도 2020년에 부자 증세를 위한 세법을 개정했다. 코로나19로 인해 어려워진 경제를 살리기 위함이었다.

　하지만 부자 증세는 항상 논란이 있다. 어떤 사람들은 부자가 낸 세금이 사회에 도움이 되기 때문에 부자 증세가 공정하다고 생각한다. 공리적으로는 한 사람이 많은 부를 가지는 것보다 그 부를 여러 사람과 나누는 것이 더 많은 사람에게 이롭기 때문이다. 반면에 부자들의 부담이 커지면 경제 활동을 줄이기 때문에 장기적으로는 더 큰 문제가 생길 수 있다는 의견도 있다.

　부자들에게 세금을 더 걷는 정책이 우리 사회에 어떤 영향을 미칠지에 대한 논의가 계속되고 있다. 단순히 세금을 걷는 것을 넘어 정의와 공정을 고민하게 하는 중요한 이슈로, 앞으로도 사회적 논의와 합의를 통해 방향을 정해야 한다.

> 🔍 **어휘 톡톡**
> - **논란** 여럿이 서로 다른 주장을 내며 다툼
> - **공리** 여러 사람이나 단체의 이익

 《10대를 위한 정의란 무엇인가》는 어떤 책일까?

'트롤리 딜레마'에 대해 자세히 설명해 보세요.

즐거움에 대한 제러미 벤담의 주장은 무엇인가요?

기사를 읽은 후에 알게 된 것은?

독일이 부자 증세를 하겠다고 밝힌 이유는 무엇인가요?

기사에 나온 부유세를 도입한 나라들은 어디인가요?

책과 기사를 읽은 후 하고 싶은 말

부자들에게 세금을 더 걷어 서민의 생활을 돕는 정책이 공정하다고 생각하나요?
부자 증세에 관한 여러분의 생각을 써 보세요.

내 안의 생각 끌어내기

여러분이 다수의 사람과 소수의 사람 중 한 쪽을 희생시켜야 하는 기관사라면,
어떤 선택을 할 것인지 이유와 함께 써 보세요.

라온쌤의 책 속으로

세계 많은 나라에 출간된 이 책은 유독 우리나라에서 더욱 반응이 좋았다고 해요. '정의'의 뜻은 사전에 '진리에 맞는 올바른 도리'라고 나와 있어요. 정의가 무엇인지 잘 모르겠다면 이 책을 천천히 읽으며 생각해 보세요. 이 책의 20가지 이야기에는 선택을 내려야 하는 상황들이 등장하는데, 그 선택이 어렵게 느껴진다면 우선 자기 생각을 들여다볼 필요가 있어요. 그리고 학자들의 입장과 이유를 들어보며, 어느 쪽이 더 정의로운지 자기만의 기준을 만들어 보세요. 생각보다 쉽지 않을 수 있어요. 하지만 한 사회의 시민이자 한 인간으로서 사회에서 바르게 살아가려면 이런 고민의 시간이 꼭 필요하답니다.

철학 하루 한 장 초등 필독서

교과 연계 : 6-1 도덕_내 삶의 주인은 바로 나   난이도 ★☆☆☆☆

행복을 찾아 나선 청소부

매년 똑같은 거리의 표지판을 닦는 한 청소부 아저씨가 있었어요. 아저씨가 맡은 거리의 표지판은 항상 깨끗했어요. 매일 웃으며 청소하는 아저씨는 늘 밝은 표정이었어요. 그런데 어느 날 한 아이와 엄마의 대화를 들은 후부터 청소부의 삶은 바뀌기 시작해요. 청소부 아저씨가 닦은 표지판 속 거리의 이름은 유명 작가, 음악가 이름에서 따온 것이었는데 그동안 그걸 몰랐던 거예요. 자신이 닦는 표지판에 무엇이 적혀 있었는지를 몰랐다는 것은 아저씨에게 충격이었어요.

청소부 아저씨는 그때부터 음악가와 작가를 알아가기 시작했어요. 그들의 음악을 찾아 들었고, 도서관에 가서 책을 찾아 읽기도 했어요. 벽에 음악가 이름을 붙여 두고 오페라와 음악회를 찾아다녔어요. 음악과 책은 아저씨를 새로운 세계로 안내했어요. 그리고 좀 더 일찍 알지 못했음에 아쉬워하기도 했지만, 아저씨는 지금도 늦지 않았다고 생각했어요.

청소부 아저씨는 청소하면서도 노래를 흥얼거렸어요. 그런가 하면 괴테의 〈마왕〉 속 구절을 읊기도 했어요. 그러자 청소하는 아저씨 곁으로 사람들이 몰리기 시작했어요. 뒤에 가만히 서서 아저씨의 노래와 말을 감상했지요. 그러다가 음악과 시를 즐기는 아저씨를 취재하려고 방송국에서 찾아오기 시작했어요. 몇몇 대학에서는 강의 요청까지 들어왔지요. 청소부 아저씨는 그 후 어떻게 됐을까요?

행복한 청소부 모니카 페트 글, 안토니 보라틴스키 그림, 김경연 역 | 풀빛 | 2000

한 청소부의 변화를 통해 진정한 행복이란 무엇인지 생각해 볼 수 있어요. 청소부의 평온해 보이는 표정의 그림이 무척 인상적이에요.

라온쌤 뉴스 제13호 키워드 행복, 사회 기여

행복한 사람들의 비밀은 무엇일까?

최근 한 연구에 따르면, 행복한 사람들은 자원봉사와 기부에 더 적극적인 경향이 있다고 한다. 흥미로운 점은 한 달 소득이 1,000만 원 이상인 사람과 300만 원대인 사람의 행복도가 비슷했다는 사실이다. 즉 돈이 어느 정도 이상 많아지면, 더는 행복에 큰 영향을 주지 않는다는 뜻이다.

그렇다면 행복한 사람들은 무엇 때문에 행복한 걸까? 연구에서는 자원봉사와 기부 같은 사회적 활동이 큰 역할을 한다고 보았다. 한 심리학 교수는 행복한 사람들은 사회성이 높고, 반대로 불행한 사람들은 자기중심적인 생각을 많이 한다고 설명했다. 행복하므로 사회적 활동을 더 많이 하는 것인지, 아니면 사회적 활동을 해서 행복해지는 것인지는 명확하지 않다. 그러나 두 가지가 서로 연관되어 있음은 분명하다.

나눔을 하면 내가 더 행복해져요.

한국은 입시 경쟁과 직장에서도 높은 소득을 위한 경쟁이 치열한 편이다. 이런 경쟁은 사람들에게 불안을 주고, 행복도를 떨어뜨릴 수 있다. 행복은 멀리 있는 것이 아니다. 서로 도와주고 작은 일이라도 베푸는 마음을 가지며 사회에 기여한다면, 우리는 더욱 행복한 사람이 될 수 있다.

어휘 톡톡

- **자기중심적** 남의 일보다 자기의 일을 먼저 생각하고 더 중요하게 여기는 것
- **기여** 도움이 되도록 이바지함

《행복한 청소부》는 어떤 책일까?

청소부 아저씨가 자신이 닦던 표지판의 이름들이 유명 작가와 음악가의 이름이었다는 사실을 알고 충격을 받은 이유는 무엇인가요?

청소부 아저씨가 표지판의 이름을 알고 나서 훨씬 더 행복해진 이유는 무엇인가요?

기사를 읽은 후에 알게 된 것은?

기사에 따르면 사람들이 행복한 이유가 무엇과 연관이 있나요?

기사에서 심리학 교수가 행복한 사람과 불행한 사람의 차이점을 무엇이라고 했나요?

 **책과 기사를 읽은 후 하고 싶은 말**

청소부 아저씨는 음악과 책을 통해 행복을 찾았고, 기사에서는 다른 사람을 돕는 일로도 행복해질 수 있다고 했어요. 그러면 여러분이 생각하는 행복이란 무엇인가요?

 **내 안의 생각 끌어내기**

행복한 사람들은 자원봉사와 기부 같은 사회적 활동을 많이 한다고 해요.
여러분도 다른 사람을 도왔던 경험이 있나요? 그때 기분이 어땠는지 써 보세요.

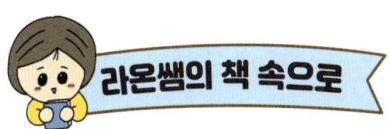 **라온쌤의 책 속으로**

　언제나 묵묵히 자기 일을 하던 한 청소부가 새로운 세계에 눈을 뜨면서 일어나는 삶의 변화는 그 자체로도 아름다워요. 청소부 아저씨는 지나가던 아이와 엄마의 말을 흘려듣지 않았어요. 그때부터 아저씨의 삶은 바뀌기 시작해요. 사실 마음이 열려 있지 않으면 그냥 지나쳤을 수도 있을 거예요. 사람이 어디에 살든, 무엇을 하든 가장 중요한 것은 그 사람이 품고 있는 '세계'라고 생각해요. 아마도 이전부터 청소부 아저씨 마음속에는 배움에 대한 열망, 예술을 즐기는 삶에 대한 갈망이 있었을 거예요. 청소부 아저씨는 그것을 이루며 행복을 느꼈어요. 여러분은 무엇을 할 때 가장 행복한가요? 책을 읽으며 나의 행복에 대해 생각해 보세요.

철학 하루 한 장 초등 필독서

교과 연계 : 6-1 도덕_나를 돌아보는 생활 난이도 ★☆☆☆☆

모른다는 것은, 생각한다는 것

　이 책은 '학교에 왜 가야 하지?'라는 질문으로 출발합니다. 많은 사람이 당연하게 여기고 생각하지 않았던 '학교에 왜 가야 하는지'에 대해 질문을 던지며, 여러 어린이가 자신들의 생각 씨앗을 만들 수 있게 도와줘요.

　학교에 가야 한다는 당연한 사실을 의심하기 시작하면 자기만의 생각 씨앗이 생겨요. 그러기 위해서는 질문을 해야 하는데, '왜, 만약, 도대체'라는 단어를 붙여서 질문을 만들어 보세요. 이 책에서는 그것을 '철학 안경'이라고 불러요. '왜 학교에 가야 하지?', '만약 학교에 가지 않는다면?', '도대체 학교에 가는 이유가 뭐야?' 같은 질문이 생기고 그 질문에 대해 생각해 보는 거예요.

　생각은 혼자 하는 것보다 여럿이 나누면 더 좋아요. 우리는 서로 비슷한 대답을 하거나 다른 사람과 생각이 같다고 말하는 경우가 많지만, 가만 들여다 보면 그렇지 않을 수 있거든요. 이럴 때는 '무슨 뜻이지', '반대로', '예를 들면'과 같은 철학 안경을 쓰고 더 이야기해요. 그러면 당장 답을 얻을 수 없을지는 몰라도 당연하다고 여기던 것에 의문을 품고 생각하는 사람이 될 수 있답니다.

　아무리 생각해도 모를 수 있지만, 그 모르겠다는 느낌이 사실은 생각했다는 증거이니 차분하게 생각을 살펴보는 게 좋답니다.

철학 안경 스가하라 요시코 글, 나가시마 히로미 그림, 오지은 역 | 아울북 | 2024

학교에 왜 가야 하는지에 대한 질문으로 시작해, 생각한다는 것이 무엇인지 차근차근 알려 주는 책이에요. 사람은 누구나 생각의 꽃이 다르다는 것을 강조해요.

©Yoshiko Sugahara, Hiromi Nagashima, Tetsuya Kono/Poplar

라온쌤 뉴스 제14호   키워드 미네르바 대학, 미래 학교

미래의 학교, 세계를 캠퍼스로 만드는 대학

교실을 벗어나 세계가 학교가 될 수 있어요!

칠판과 교실 대신 세계 여러 나라를 돌아다니며 공부하는 학교가 있다. 바로 미네르바 대학이다. 이 대학의 학생들은 한 나라에 머무르지 않고 학기마다 새로운 도시로 이동하며 배우는 특별한 경험을 한다.

미네르바 대학의 첫 학기는 미국 샌프란시스코에서 시작한다. 이후 서울, 베를린, 부에노스아이레스 등 다양한 도시에서 공부하며 그 나라의 문화를 직접 경험한다. 수업은 모두 온라인으로 이루어지지만, 단순히 영상을 시청하는 방식이 아니다. 학생들은 실시간으로 수업에 참여해 선생님과 친구들이 함께 토론하고 문제를 해결한다. 무엇보다 실생활에 적용할 수 있는 공부를 하며, 단순히 지식을 외우는 것이 아닌 창의적으로 문제를 해결하고 비판적으로 생각하는 법을 배운다.

미네르바 대학은 기존 학교와 다른 교육 방식을 가지고 있다. 일반 학교처럼 한 공간에 모여 공부하지 않아도, 세계가 곧 교실이 되어 어디서든 배울 수 있다. 학생들은 새로운 환경에 적응하며 다양한 경험을 통해 더 넓은 세상을 배운다.

미래 사회에서는 이런 교육이 더욱 중요해질 것이다. 교실에 앉아서만 배우는 시대를 넘어, 세상 속에서 경험하고 실천하는 배움이 필요하다. 미네르바 대학은 학교 교육의 새로운 길을 보여 준다.

어휘 톡톡

- **토론** 어떤 문제에 대하여 여러 사람이 각각 의견을 말하며 논의함
- **창의적** 창의성을 띠거나 가진 것
- **적응** 일정한 조건이나 환경 따위에 맞추거나 알맞게 됨

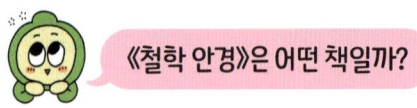 《철학 안경》은 어떤 책일까?

생각 씨앗은 어떻게 만들어야 하나요?

혼자 생각하는 것보다 여럿이 나누어 생각하는 것이 더 좋은 이유는 무엇인가요?

기사를 읽은 후에 알게 된 것은?

미네르바 대학 학생들은 어디에서 공부하나요?

미네르바 대학이 기존 학교와 다른 점은 무엇인가요? (한 가지 이상 써 보세요)

 **책과 기사를 읽은 후 하고 싶은 말**

학교 공부는 당연히 교실에서 해야 한다고 생각하는 사람들이 많아요.
하지만 미네르바 대학처럼 교실 밖에서 배우는 교육을 하면 어떤 점이 좋을까요?

 **내 안의 생각 끌어내기**

학교는 꼭 가야 할까요? '왜, 도대체, 만약, 예를 들어, 반대로'와 같은 단어를 넣어
여러분의 의견을 써 보세요.

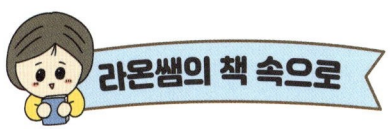

선생님이 초등학교 친구들과 대화하다 보면 생각하는 것 자체를 힘들어하는 경우가 많아요. 이 책에도 그런 아이가 등장해요. 다른 사람과 생각이 비슷하다고 말하지만, 사실은 생각하는 법 자체를 잃어버린 것은 아닌지 걱정이 돼요. 그 이유는 아마도, 우리가 너무 쉽게 '당연하다'라는 논리를 받아들이기 때문일 거예요. 당연히 학교에 가야 하고, 당연히 공부해야 하고, 당연히 숙제해야 한다고 그냥 받아들이는 거지요. 하지만 세상에 당연한 것은 없답니다. 조금이라도 질문을 품고 끊임없이 생각하는 사람이 자기 자신을 더 발전시켜 나갈 수 있어요. 그런 사람이 모이면 이 세상도 더 나아지지 않을까요?

철학 | 하루 한 장 초등 필독서

교과 연계: 5-1 국어_주인공이 되어   난이도 ★★★★☆

영원한 삶은 축복일까, 저주일까?

우연히 숲속의 샘물을 마시고 영원히 살게 된 가족이 있어요. 샘물을 한 번 마시고 나니 죽지도 다치지도 않았어요. 이 영원히 사는 샘물을 마신 뒤 터크 씨 가족의 운명은 완전히 달라집니다. 우선 이들은 다른 사람에게 들키면 샘물의 정체가 드러날까 봐 여기저기 떠돌아다니며 살아요. 그런데 우연히 얻게 된 영원한 생명과 이런 삶에 대해 가족들 의견은 각자 달랐어요.

아들 제시는 인생은 즐기는 거니 이제 마음껏 즐기며 살 거라고 합니다. 터크의 형인 마일드는 언젠가는 중요한 일을 하기 위해 살아가야 한다고 합니다. 터크의 아내 매는 이미 죽지 못하게 되었으니 어찌 되었든 살아가야 한다고 말해요. 마지막으로 터크 씨는 이런 운명을 가장 괴롭게 받아들입니다. 죽지 못하고 영원히 사는 것은 그저 길가의 돌멩이와 다르지 않다며, 삶에 대한 그 어떤 희망이나 열정을 보이지 않았어요.

인생은 즐기는 거라고 말한 제시는 우연히 알게 된 위니라는 소녀에게 샘물을 마시라고 제안해요. 자신처럼 열일곱 살이 되었을 때, 물을 마시고 영원히 함께 행복하게 살자면서요. 위니는 이 물을 마셨을까요, 마시지 않았을까요? 나중에는 결국 그 물의 비밀을 알게 된 노란 옷의 남자가 등장합니다. 그는 그 물을 사람들에게 팔아 큰돈을 벌고 싶어 하지요. 그의 바람은 이루어졌을까요?

> 이 샘물을 마시면 영원히 살 수 있어!

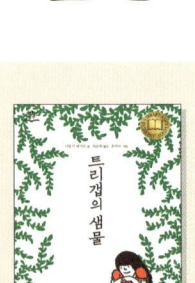

트리갭의 샘물 나탈리 배비트 글, 최순희 그림, 윤미숙 역 | 오늘책 | 2022

우연히 숲속의 샘물을 마시고 영원한 삶을 얻게 된 한 가족의 이야기를 다루었어요. 이를 받아들이는 사람들의 각기 다른 모습을 통해 영원한 삶이 과연 축복인지, 저주인지 깊이 생각하게 해요.

라온쌤 뉴스 제15호 키워드 노화, 수명 연장

젊음을 되찾기 위한 백만장자의 도전

과학과 기술이 발달하면 늙지 않을 수 있어요.

45세 백만장자 브라이언 존슨은 자신의 몸을 18세처럼 유지하기 위해 17세 아들 탈메이지로부터 젊은 피를 수혈받았다. 또, 그는 70세인 아버지에게 자신의 혈액을 전달하며 노화를 막고 젊음을 유지하는 실험을 하고 있다.

노화와 수명 연장에 관한 연구는 장기 이식, 줄기세포 등 다양한 방법을 통해 진행 중이다. 일부 사람들은 특정한 식단을 통해 더 오래 살기를 바라기도 한다. 이러한 시도들은 흥미롭지만, 아직 과학적인 근거가 충분하지 않은 경우가 많다.

전문가들은 노인성 질병의 해결 없이는 장수가 어렵다고 주장하며, 지금의 과학 기술로는 한계가 있다고 본다. 또 우리 몸을 늙게 만드는 생체 지표를 찾아 노화 자체를 막으려는 사람들도 있지만, 한편에서는 이런 주장이 허무맹랑하기 이를 데 없다고 지적한다.

인간의 젊음을 되찾으려는 욕망은 강하지만, 과연 이 욕망을 과학과 의학으로 실현할 수 있을지는 여전히 의문으로 남는다. 전문가들은 노화 방지와 수명 연장 기술이 꿈을 넘어 현실이 되려면 꾸준한 연구와 신중한 검증이 필요하다고 강조한다. 영원한 젊음은 과연 꿈에 불과한 이야기일까, 아니면 언젠가 현실이 될 수 있을까? 과학과 기술의 발전이 그 답을 찾을 날이 올지도 모른다.

어휘 톡톡

- **수혈** 치료를 위하여 건강한 사람의 혈액을 환자의 혈관에 넣는 것
- **생체 지표** 질병이나 노화 따위가 진행되는 과정마다 특징적으로 나타나는 생물학적 기준이 되는 변화
- **허무맹랑하다** 터무니없이 거짓되고 실속이 없음

《트리갭의 샘물》은 어떤 책일까?

터크 씨 가족은 각각 '영원한 삶'을 어떻게 받아들이고 있나요?

터크 씨 가족 중 누구의 의견에 가장 공감하는지 이름을 적고, 그 이유를 써 보세요.

기사를 읽은 후에 알게 된 것은?

백만장자 브라이언이 아들의 피를 수혈받은 이유는 무엇인가요?

인간의 수명 연장이 불가능하다고 말하는 이들은 어떤 이유를 들고 있나요?

 **책과 기사를 읽은 후 하고 싶은 말**

백만장자 브라이언은 젊음을 되찾기 위해 특별한 실험을 했어요.
이처럼 인간이 영원히 사는 것은 좋은 일일까요, 아니면 오히려 힘든 일일까요?

 **내 안의 생각 끌어내기**

인간은 누구나 건강하게 오래 살기를 바라요. 하지만 우리에게는 트리캡의 샘물이 없어요.
건강하게 생활하기 위해 지금 바로 실천할 수 있는 계획을 두 가지만 세워 보세요.

 **라온쌤의 책 속으로**

　1975년 처음 세상에 나온 나탈리 배비트의 작품으로, 우리나라에는 1992년에 처음 소개되었어요. 시간은 흐르지만, 우리가 항상 그 시간의 평등함 속에 살지는 않아요. 태어남은 누구에게나 공평하지만 죽음은 그렇지 않지요. 더구나 사람은 점점 늙기에, 노년의 삶이 가져다 줄 막연한 걱정은 때때로 우리를 불안하게 해요. 그러한 두려움 때문에 사람들은 영원을 기대하는 것 같아요. 선생님은 이 책을 매년 고학년 친구들과 함께 읽지만 다들 어려워하는 주제예요. 영원한 삶을 다룬 이야기는 결국 우리의 삶부터 죽음까지 돌아보기 때문이에요.

철학 | 하루 한 장 초등 필독서

교과 연계 : 6-2 사회_우리나라 경제 체제의 특징   난이도 ★★☆☆☆

철학자들의 생각 엿보기

외모가 중요할까?
정신이 중요할까?

나, 역사, 공부, 행복, 민주주의, 정의라는 6가지 키워드를 통해 제대로 생각하는 방법을 배울 수 있어요. 그중 '나'에 대해 살펴봐요. 우리는 '나'라는 것을 언제부터 알게 되었는지 정확하지 않아요. 아마 배고파서 울거나, 선물을 받고 좋아서 웃는 기억들, 그리고 거울 속에 비친 내 모습을 보고 '나'를 인식했을 수도 있어요. 그런데 보이지 않는 '나'도 있어요. 바로 '정신'이랍니다. 육체는 눈에 보이지만, 정신은 눈에 보이지 않으며 늘 생각을 해요. 평소 다른 사람과 대화할 때도, 문제를 풀 때도 생각을 하지요.

그렇다면 정신과 육체 중 무엇이 더 중요할까요? 어떤 친구는 외모가 중요하니 육체가 더 중요하다고 여길 수 있어요. 또 어떤 친구는 공부를 잘하기 위해서는 머리가 좋아야 하므로 정신이 더 중요하다고 말하겠지요.

철학자 데카르트는 우리가 생각하기 때문에 존재하는 것이니 정신이 중요하다고 했어요. 반면에 니체는 우리 몸이 가진 에너지가 더 중요하다고 했지요. 이 책을 읽다 보면 이렇게 상반된 철학자들의 주장을 만날 수 있어요. 그러면 스스로 무엇을 더 중요하게 생각하는지 자기 생각을 정리할 기회가 될 거예요. 그 밖에도 한 가지 주제에 대한 각기 다른 철학자들의 의견을 보면서 세상에 대한 개념을 배우고, 깊고 넓게 생각하는 훈련을 할 수 있답니다.

생각하는 것이 왜 중요할까요? 이관호 글, 양수홍 그림 | 나무생각 | 2016

'나, 역사, 공부, 민주주의, 행복, 정의' 이렇게 6가지 주제에 대해 각기 다른 철학자들의 의견을 살펴보며, 아이들에게 꼭 필요한 제대로 생각하는 방법을 알려 줘요. 오랫동안 고민하고 시간이 걸려도 스스로 해결하는 법을 배우는 게 중요하다는 사실을 일깨워요.

라온쌤 뉴스 제16호　　　　　　　　　　　　　키워드 성형, 외모지상주의

성형으로 유명한 한국, 외모보다 중요한 것은?

전 세계적으로 한국은 성형으로 유명한 나라이다. 매년 수많은 외국인이 한국을 찾아와 성형 수술을 받는다. 이들은 한국의 뛰어난 성형 기술과 안전성 때문에 한국을 선택한다. 외국인들은 성형을 통해 더 아름다워지고 싶어서 한국을 방문해 눈, 코, 피부와 관련된 다양한 시술을 받는다.

하지만 성형 관광이 늘어나면서 외모가 중요하다는 생각, 즉 외모지상주의를 부추긴다는 문제도 등장하고 있다. 한국 사회는 예전부터 외모에 높은 기준을 가지고 있었고, 요즘은 TV와 인터넷을 통해 이런 분위기가 더 많이 자리 잡고 있다. 연예인처럼 예쁘고 잘생긴 모습을 따라 하는 사람들이 늘어나면서 성형을 고민하거나 실제로 성형을 많이 받는다.

외모지상주의는 사람들에게 부정적인 영향을 줄 수 있다. 자신의 외모가 부족하다고 느끼면 자존감이 낮아질 수 있고, 이런 생각이 쌓이다 보면 우울해지거나 불안감을 느낄 수도 있

다. 성형을 통해 외모를 고치고 나서도 만족하지 못하거나 더 큰 스트레스를 받기도 한다.

그러나 우리는 외모뿐만 아니라 마음과 개성도 중요한 가치라는 것을 잊지 말아야 한다. 모두가 각자만의 아름다움을 가지고 있으며, 이를 인정하고 존중하는 문화가 필요하다. 성형 관광산업이 계속 성장하더라도 외모에 대한 건강한 생각과 다양성을 존중하는 태도가 함께 발전해야 한다.

어휘 톡톡

- **개성** 다른 사람과 구별되는 고유의 특성
- **존중** 높이어 귀중하게 대함

 **《생각하는 것이 왜 중요할까요?》는 어떤 책일까?**

이 책에서 '나'는 두 가지로 이루어져 있다고 해요. 무엇과 무엇인가요?

육체와 정신 중 무엇이 중요한지에 대해 데카르트와 니체의 생각은 어떻게 다른가요?

기사를 읽은 후에 알게 된 것은?

한국이 성형 관광으로 유명해진 이유는 무엇인가요?

외모지상주의는 사람들에게 어떤 부정적인 영향을 미칠까요?

 **책과 기사를 읽은 후 하고 싶은 말**

만약 친구가 "나는 TV에 나오는 연예인처럼 예쁘지 않아서 슬퍼."라고 말한다면, 그 친구에게 어떤 말을 해주고 싶나요?

 **내 안의 생각 끌어내기**

책에서는 '보이는 나'와 '보이지 않는 나'에 대해 이야기해요. 거울 속에 비친 '나'와 마음속의 '나'는 어떻게 다른가요? 둘 중 여러분에게 더 소중한 것은 무엇인지 그 이유와 함께 써 보세요.

 **라온쌤의 책 속으로**

'나, 역사, 공부, 행복, 민주주의, 정의'에 관한 주제는 평소에 생각하기 쉽지 않아요. 사실은 어른들도 깊이 생각하기 힘든 주제이지요. 하지만 그래서 우리는 더욱 생각해야 해요. 나를 알아야 공부의 목적도 찾고, 나에게 관심이 있어야 '우리'가 사는 사회에 관심이 생기고, 나아가 역사에도 관심이 생기거든요. 생각하는 사람이 되려면 손에 책을 한 권 들고 다니는 여유가 필요해요. 책은 펼치는 순간 사람을 생각하게 하거든요. 이 책 또한 한 꼭지씩 천천히 읽다 보면 여러분을 생각하는 사람으로 만들어 줄 거예요.

3장

사회

Book & News

사회책은 왜 읽어야 할까요?

사회, 세상을 이해하는 첫걸음

학교에서 반장 선거를 해 본 적이 있나요? 친구를 위해 투표한 경험이나 직접 출마했던 경험도 있을 거예요. 이처럼 선거에 참여하는 이유는 바로 여러분이 학교의 주인이기 때문이에요. 반장 선거뿐만 아니라 반의 규칙을 정할 때도 여러분의 의견이 필요해요. 내가 생활하는 반을 더 나은 곳으로 만들기 위해 이런 과정을 거치는 거예요. 마찬가지로 지역과 나라의 문제를 해결하고 국민이 잘 지내도록 돕는 일도 필요합니다. 이것을 바로 '정치'라고 해요.

오늘 여러분은 무엇을 샀나요? 동네 가게에서는 어떤 물건을 팔고 있나요? 부모님은 가정을 꾸리기 위해 어떤 일을 하시나요? 우리가 필요한 것을 사고팔고, 돈을 관리하는 모든 활동을 '경제'라고 한답니다.

우리가 좋아하는 초콜릿과 부모님이 자주 마시는 커피 등 생활 속에서 자주 먹고 입는 것들 중에는 다른 나라에서 온 재료나 제품이 많아요. 그런데 그중 어떤 것은 여러분과 같은 나이의 친구들이 만든 것일 수도 있어요. 어떤 나라에서는 뛰어놀 나이의 어린이들이 학교에 가지 못하고 힘든 노동에 시달리고 있어요. 아동뿐만 아니라 많은 사람이 인간으로서 누려야 할 권리를 제대로 누리지 못하는 상황에 처해 있답니다. 그래서 우리는 '인권' 문제에 관심을 갖고 이야기해야 해요.

지금까지 이야기한 정치, 경제, 인권 이 세 가지를 모두 합쳐서 우리는 '사회'라고 부른답니다. 물론 사회에는 역사나 지리도 있고 문화, 교육, 법, 보건, 도덕 등 더 다양한 주제가 있어요. 하지만 여기서는 크게 정치, 경제, 인권을 중심으로 필독서와 뉴스를 살펴볼 거예요.

　사실 이들은 모두 연결되어 있어요. 우리가 먹고 입고 살아가는 것이 경제 활동인데, 그 과정에서 누군가가 인간다운 권리를 누리지 못한다면 그것이 바로 인권 문제가 돼요. 이런 문제를 해결하기 위해 나서는 것이 바로 정치랍니다. 결국 이 모든 것은 우리가 사는 세상 속에서 복잡하게 얽혀 하나로 이어져요. 그래서 사회를 이해하려면 이런 연결을 보는 눈이 필요해요.

　사회책을 읽는 이유도 여기에 있답니다. 책을 통해 우리 주변의 사회 현상이 어떻게 연결되는지, 또 서로에게 어떤 영향을 미치는지 알게 되면 문제 해결 방법도 보이기 시작해요. 나아가 세상을 잘 이해하고, 우리가 어떤 가치를 지키며 살아야 할지도 생각할 수 있지요. 우리가 사는 이 세상을 잘 살아가기 위한 현실적인 지식과 올바른 선택을 하게 돕는 중요한 가치를 균형 있게 배우는 것, 그것이 바로 사회책이 주는 힘이에요.

　자, 지금부터 우리 세상을 더 깊이 이해하기 위해 사회책을 한 번 읽어 볼까요?

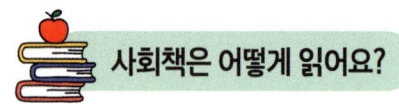 사회책은 어떻게 읽어요?

사회에는 경제, 정치, 인권 같은 주제들이 나와서 조금 어렵게 느낄 수도 있지만, 그 속에는 우리의 일상과 연결된 이야기들이 가득해요. 사회책을 잘 읽으면 세상을 보는 눈이 넓어지고, 내 생각을 키울 수 있어요. 다만 책을 읽을 때 몇 가지 방법을 기억하면, 더 쉽게 이해할 수 있답니다.

1. 개념과 현실을 연결해 이해하기
사회책에는 여러 개념이 나와요. 이 개념을 현실과 연결 지어 이해하려는 노력이 필요해요. 예를 들어 경제 도서에 '기회비용'이 나왔다면, 자신의 경험과 연결해 생각해 보는 것이에요. 다행히 초등학생을 위한 사회책에는 이해를 돕는 예시가 많이 나와요. 책 내용을 따라가며 경험한 일도 떠올려 보세요.

2. 나만의 사회 용어 사전 만들기
삶, 자유, 투자, 인권, 정치 등처럼 사회책에 나오는 개념들은 대체로 추상적이에요. 이런 개념은 실제로 경험하지 않으면 이해하기 어렵지만, 현실적으로 모두 경험하기는 힘들어요. 그래서 개념의 뜻을 이해하고 반복해서 익히는 것이 중요해요. 개념과 뜻을 정리하는 나만의 사전을 만들어 필요할 때마다 살펴보면 도움이 될 거예요.

3. 저자의 주장과 내 의견 견주기
사회책에는 지식만 가득 담겨 있을 것 같지만 꼭 그렇지만은 않아요. 각 주제에 대한 저자의 주장이 은근히 담겨 있어요. 예를 들어, 용돈과 관련된 경제 책이라면 용돈 관리법에 대한 저자 의견이 들어 있지요. 때로는 그런 내용을 서문에 써 둔 경우도 있어요. 하지만 그것은 한 사람의 의견일 뿐 정답은 아니에요. 저자의 의견을 꼼꼼히 읽어 보고, 자신의 의견도 잘 정리해 보세요.

4. 사회에 대해 새롭게 생긴 시선 정리

새로운 지식이나 정보를 알게 되면, 새로운 관점으로 세상을 바라보게 돼요. 정치책을 읽고 '시장의 역할이 생각보다 무거워 존경스러웠다'라는 생각을 했다면, 그것도 새로운 시선이랍니다.

5. 관련 기사 찾아보기

학교 교과목인 '사회'가 학문으로서 정리된 사회라면, 사회책에서는 그보다는 조금 더 살아 있는 우리 현실 사회를 다루어요. 또 사회책보다 더 생생한 세상의 모습을 담은 것이 바로 '신문'이에요.

이 책에서 소개하는 48권의 도서마다 연관된 뉴스 기사를 함께 보는 것처럼, 여러분이 책에서 만난 주제와 관련된 기사를 좀 더 찾아 보세요. 그러면 책 내용이 더 잘 이해되고 사회에 대한 호기심도 커질 거예요.

사회 | 하루 한 장 초등 필독서

교과 연계 : 6-1 사회_우리나라의 정치 발전   난이도 ★★★☆☆

많은 사람이 행복하기 위해 꼭 **필요한 정치**

정치는 사람들 사이의 의견이나 이익의 차이로 생긴 갈등을 해결하는 활동이에요. 또한 나라를 다스리기 위해 권력을 얻고 유지하는 모든 과정을 의미하기도 해요. 이런 활동을 통해 나라의 질서와 안정이 유지될 수 있답니다.

우리나라의 정치 체계는 민주주의로, 투표를 통해 국민을 대표할 300명의 국회의원과 한 명의 대통령을 뽑아서 정치를 맡기고 있어요. 또 권력이 집중되는 것을 막기 위해 입법부, 사법부, 행정부로 국가 기관이 나뉘어 있는데, 이를 '삼권 분립'이라고 해요.

그러면 우리나라의 민주주의는 어떻게 성장했을까요? 우리나라 정치 역사에서는 시민 혁명을 빼놓을 수 없어요. 한국 전쟁 이후 정권이 수립되고 첫 초대 대통령이 뽑혔는데, 이승만을 비롯해 독재 정권이 계속되면서 시민들은 결국 민주주의를 위해 나섰어요. 대표적인 시민 혁명으로는 '4·19 혁명'과 '5·18 민주화 운동'이 있지요.

국민이 선거를 통해 지도자를 뽑고 일을 잘할 수 있는 정당을 지지하며 잘못된 일에는 이의를 제기하는 등의 민주 시민의 역할을 다해야 더 나은 나라를 만들 수 있답니다. 그래서 결국 우리는 모두 정치에 관심을 기울이고 참여해야 하는 거예요.

좋은 정치란 어떤 것일까요? 김준형 글, 박종호 그림 | 나무생각 | 2022

어린이가 알아야 할 정치의 필요성, 좋은 정치의 정의, 민주주의 제도 및 선거 등에 대해 조목조목 알려 주는 책이에요. 정치는 우리 삶 그 자체이므로, 국민이 노력해서 좋은 정치를 만들어야 한다는 것을 강조하고 있어요.

라온쌤 뉴스 제17호 　　　　　　　　　　　　키워드 북한, 독재 체제

북한이 띄워 보내는 '오물 풍선'

북한은 김정은이라는 한 사람의 지도 아래 운영되는 **독재 체제**다. 이 체제에서는 모든 국민이 김정은을 따르고 그의 명령에 복종해야 한다. 어린이들은 조선소년단에 가입해 체제에 대한 사상 교육을 받으며, 학교에서는 김정은을 찬양하는 내용을 포함한 교과서를 사용한다. 이러한 독재 체제는 국민 개개인의 자유를 **억압**하며 오직 한 사람의 생각만이 중요시하는 구조를 만들어낸다.

쓰레기를 풍선에 달아 날려 보내다니!

최근 북한이 날려 보낸 '오물 풍선'이 한국 곳곳에 떨어져 사회적 불안을 키우고 있다. 이 오물 풍선은 북한이 한국을 향해 보내는 것으로, 생활 쓰레기와 타이머 장치가 함께 담겨 있다. 북한은 이러한 행동이 남한에서 북으로 보내는 대북 전단에 대한 **대응**이라고 주장한다.

실제로 우리나라의 일부 시민단체들이 북한 주민들에게 자유와 민주주의에 대한 정보를 전달하기 위해 전단지, USB, 의약품 등을 담은 풍선을 북한으로 보내고 있다. 북한은 이를 빌미로 오물 풍선을 날리며 보복하는 것이다. 통일부는 이러한 북한의 행동이 한국 사회를 혼란에 빠뜨리려는 의도라고 분석하고 있다.

북한의 오물 풍선 문제는 단순히 쓰레기 문제가 아닌, 남북 간의 갈등과 긴장 관계를 상징하는 사건으로 평가된다. 최근 사회적 불안이 커지는 상황에서, 이 문제를 해결하기 위해 모두가 함께 논의하고 적절한 대책을 세워야 한다는 목소리가 높아지고 있다.

🔍 어휘 톡톡

- **독재 체제** 한 사람이 모든 권력을 차지해 혼자서 모든 결정을 내리는 체제
- **억압** 자기의 뜻대로 자유로이 행동하지 못하도록 억지로 억누름
- **대응** 어떤 일이나 사태에 맞추어 태도나 행동을 취함

《좋은 정치란 어떤 것일까요?》는 어떤 책일까?

이 책에서 말하는 '정치'란 무엇인가요?

우리나라의 대표적인 시민 혁명으로는 무엇이 있나요?

기사를 읽은 후에 알게 된 것은?

기사에서 설명하는 독재 체제란 무엇인가요?

북한이 남한으로 '오물 풍선'을 보내는 이유는 무엇인가요?

 **책과 기사를 읽은 후 하고 싶은 말**

북한에서는 오물 풍선을 보내고, 우리나라의 일부 시민단체는 정보가 담긴 풍선을 보냅니다.
이런 행동들이 서로에게 어떤 영향을 미칠지 생각해보고, 평화로운 해결 방법을 제안해 보세요.

 **내 안의 생각 끌어내기**

'다수결의 원칙'은 가장 많은 사람이 찬성한 의견을 따르는 제도예요. 여러 사람이 선택했다고
무조건 옳은 것만은 아니에요. '다수결의 원칙'으로 무언가를 결정했던 경험을 떠올려 보고,
이 원칙의 장단점을 써 보세요.

투표는 국민이 가진 권리로서 좋은 지도자를 뽑는 일이에요. 물론 여러분은 아직 선거권이 없지만, 그렇다고 정치와 관련이 없지는 않아요. 여러분 또한 이 나라의 시민이기 때문이에요. 만약 국민이 정치에 관심이 없다면, 일부 힘 있는 사람들이 자기들 뜻대로만 나라를 운영할지도 몰라요. 이 책은 정치가 무엇인지 쉽게 풀어서 이야기한 책인 만큼 조금 더 어려운 책을 읽기 전에 꼭 먼저 읽어 보세요. 재미없는 부분이 있다면 건너뛰어도 괜찮아요. 잘 읽히는 부분부터 읽다가 어려운 부분은 어른들에게 물어보거나, 최근 뉴스를 찾아보는 것도 좋아요.

사회 하루 한 장 초등 필독서

교과 연계 : 5-1 사회_인권을 존중하는 삶

난이도 ★★☆☆☆

백만 후디스 운동의 시작

트레이본 마틴은 한국에서 입양된 제이에게 "너는 버려진 것이 아닌 발견된 아이"라고 따뜻하게 위로해 주는 착한 친구예요. 하지만 백인 소녀 에일리를 좋아하는 마음을 접어 두려고 노력하는 등 슬픔을 가지고 있지만 성숙한 흑인 아이지요.

어느 날 마틴은 편의점에서 간식을 사서 돌아오는 길에 마을의 자경단장인 짐머만이 쏜 총에 맞아 죽고 말아요. 그는 수상하다는 이유만으로 마틴을 총으로 쐈지만, 재판에서 무죄로 풀려납니다. 흑인을 증오하는 경위가 가짜 증거를 만들어 주었기 때문이지요.

그 재판 이후 마틴의 억울함을 밝히기 위해 사람들이 움직이기 시작해요. 마틴과 친했던 동네 형과 마틴을 좋아했던 제이 그리고 흑인 여자아이 니콜의 노력 덕분에 동참하기 꺼렸던 사람들도 조금씩 마음을 열기 시작합니다.

마틴이 좋아했던 에일리는 사실 흑인과 사귄다는 소문이 두려워서 마틴을 멀리했어요. 하지만 에일리도 자신의 행동에 부끄러움을 느끼며 동참해요. 마틴 사건을 모르는 체했던 911 상담원, 마틴 사건을 목격한 휠체어를 탄 할머니, 아빠의 영향으로 흑인을 무작정 싫어만 했던 하비 등 모두 하나가 되어 '백만 후디스' 운동을 시작해요. 백만 후디스 운동은 마틴이 입었던 후드티를 입고 거리로 나서, 흑인에 대한 편견과 차별에 저항하는 운동이에요.

검은 후드티 소년 이병승 글, 이담 그림 | 북멘토 | 2013

트레이본 마틴 사건을 바탕으로 한 동화예요. 흑인을 향한 뿌리 깊은 차별과 그로 인해 벌어지는 일의 부당함에 대해 생각해 볼 수 있어요. 가독성이 좋아 쉽게 읽히면서도 묵직한 울림이 있답니다.

라온쌤 뉴스 제18호   키워드 인종 차별, 평등

경찰의 과잉 진압으로 숨진 흑인

인종 차별을 멈춰요!

2020년 5월 25일, 미국 미네소타주에서 흑인 남성인 조지 플로이드가 사망했다. 원인은 경찰의 과잉 **진압**으로 밝혀졌다. 이 진압 과정에서 플로이드는 의식을 잃었고 병원으로 곧 옮겨졌지만, 그날 밤 세상을 떠나고 말았다. 이 사건으로 미국 전역에서 인종 차별에 항의하는 시위가 일어났다.

당시 경찰은 편의점에서 위조지폐를 사용한 사람이 있다는 신고가 있어 출동했다고 **증언**했다. 그때 조지 플로이드가 그 자리에 있었고, 경찰은 그를 위조지폐 사용 혐의로 체포했다. 하지만 그는 단지 현장 근처에서 술에 취해 자신의 차에 앉아 있었다고 말했다.

이 사건은 한 행인이 체포 장면을 촬영한 영상을 소셜미디어에 올리면서 알려졌다. 그 영상에는 플로이드가 경찰의 무릎에 눌린 채 '숨을 쉴 수 없으며, 죽이지 말아 달라'며 **호소**하는 장면이 담겨 있다. 계속 고통을 호소하던 그는 코피를 흘리다가 이내 움직임을 멈췄다.

시민들은 영상 속 플로이드가 체포될 때 크게 저항하지 않았다는 사실에 분노했다. 게다가 경찰이 사망 원인을 '의료 사고'라고 발표한 것에 더 화가 끓어올랐다. 시민들이 거세게 항의하자 그제야 비로소 체포 현장에 있던 경찰관 4명을 해고했다. 그 사건 이후 미국 곳곳에서는 흑인의 생명권을 외치며 평등을 주장하는 시위가 벌어졌다.

어휘 톡톡

- **진압** 강압적인 힘으로 억눌러 진정시킴
- **증언** 어떤 사실을 증명함. 또는 그런 말
- **호소** 억울하거나 딱한 사정을 남에게 간곡히 알림

《검은 후드티 소년》은 어떤 책일까?

짐머만이 길을 걷던 트레이본 마틴에게 총을 겨눈 이유는 무엇인가요?

마틴 사건의 진실을 알지만 숨기려 했던 사람들이 있어요. 그들은 왜 그랬을까요?

기사를 읽은 후에 알게 된 것은?

흑인 남성 조지 플로이드는 왜 죽게 되었나요?

조지 플로이드 사건에서 경찰들이 주장한 내용은 무엇인가요?

 **책과 기사를 읽은 후 하고 싶은 말**

마틴이 죽은 후 어떤 사람들은 마틴이 분명 불량했거나 가출한 소년이었을 거라고 추측했어요. 그를 잘 알지도 못했던 사람들이 왜 그렇게 생각했을까요?

 **내 안의 생각 끌어내기**

세상에는 자기와 다르다는 이유만으로 일어난 편견과 차별이 많아요. 여러분도 혹시 누군가를 차별하거나 혹은 차별을 당한 적이 있다면, 그때의 경험과 느꼈던 기분에 대해 써 보세요.

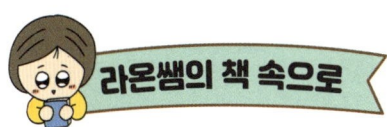 **라온쌤의 책 속으로**

이 책은 '백만 후디스 운동'이라는 실화를 바탕으로 쓰였어요. 2012년 2월 미국의 플로리다주에서 열일곱 살이던 트레이본 마틴이 자경단으로 활동하는 20대 청년 조지 짐머만의 총에 맞은 사건을 바탕으로 한 것이에요. 그런데 이런 사건은 처음이 아니에요. 미국에서는 흑인을 향한 뿌리 깊은 편견과 차별 의식에 근거한 사건들이 끊이지 않아요.

선생님은 이 책을 읽으며 흑인 인권을 위해 싸운 사람들을 떠올렸어요. 마틴 루터 킹 목사, 버스 차별에 저항한 로자 파크스, 그리고 몽고메리에서 용감하게 맞섰던 소녀 클로뎃 콜빈까지요. 여러분도 이 책을 읽고 왜 이런 일이 계속 일어나는지, 그 원인은 무엇인지 생각해 보세요.

사회 하루 한 장 초등 필독서

교과 연계 : 5-1 사회_법의 의미와 역할 난이도 ★★☆☆☆

생활 속 사건 사고로 배우는 법 지식

주인공 정이로는 변호사가 꿈이에요. 이로는 사소한 문제도 법으로 해결하는 것이 합리적이라고 생각하지요. 반면, 이로의 친구 유온정은 법도 중요하지만 사람에 대한 배려와 인권도 중요하다고 믿어요. 두 친구는 반에서 일어나는 다양한 사건을 해결하며 법적 추리와 논리를 통해 일상 속 문제를 법으로 해결하는 방법을 보여 줘요.

어느 날, 이로의 반에 사건이 일어났어요. 선생님이 숙제로 내주신 수학 문제지를 모두 제출하라고 했는데, 평소에도 숙제를 제대로 내지 않는 승재는 자기 수학 문제지를 찾지 못했어요. 그러자 승재는 온정이의 가방에서 슬쩍 수학 문제지를 꺼냈어요. 그리고 자기 이름으로 바꾸어 쓰고 제출했지요.

결국 온정이는 수학 문제지를 내지 못한 벌로 방과 후 청소를 하게 되었어요. 늘 정의를 꿈꾸는 이로는 온정이의 수학 문제지가 갑자기 없어진 것이 아무래도 수상하다고 생각했고, 단서를 찾아내 범인 승재를 잡아냈어요. 그러고는 수학 학습지를 훔친 행동이 절도죄에 해당한다는 것을 승재에게 정확히 알려 주었어요.

이처럼 책 속 다양한 사건들을 통해 법 지식을 쉽고 재미있게 배울 수 있어요. 한 편씩 읽다 보면 법을 지키는 게 왜 중요한지, 법은 무엇을 위해 존재하는지 알게 될 거예요.

신나는 법공부! 장보람 글, 박선하 그림 | 팜파스 | 2015

변호사를 꿈꾸는 정이로와 유온정은 교실에서 일어나는 여러 가지 사건을 바탕으로 법 지식을 쉽고 재미있게 풀어 나가요. 읽다 보면 자연스럽게 법률이 추구하는 '정의'가 무엇인지 생각하게 돼요.

라온쌤 뉴스 제19호 **키워드** 촉법소년, 소년법

계속 늘어나는 촉법소년 범죄

2023년 한 해 동안 전국에서 학교 폭력으로 적발된 학생이 1만 5,000명을 넘어섰다. 이는 최근 5년 사이 가장 많은 숫자다. 특히 중학생이 가장 많았고, 학교에 다니지 않는 청소년도 포함되었다. 주목할 점은 초등학생의 <mark>범법</mark> 사례가 눈에 띄게 늘어나고 있다는 점이다.

우리나라는 형법을 위반한 만 10세 이상 14세 미만의 범죄를 저지른 미성년자들을 '촉법소년'이라고 부르고, 이들은 형사처분 대신 <mark>소년법</mark>에 따른 보호처분을 받는다. 초등학생과 청소년들이 저지른 범죄를 살펴보면, 상대방을 때리거나 다치게 하는 경우가 가장 많았다. 그 외에도 성폭력, 감금, 협박, 절도, 모욕, 강요 등 다양한 형태의 범죄가 발생하고 있다.

이처럼 범죄 연령대가 낮아지면서 '촉법소년' 규정을 바꾸어야 한다는 목소리가 커지고 있다. 촉법소년은 법적으로 처벌을 가볍게 받기 때문에 반성하지 않고 오히려 더 큰 범죄를 저지르는 경우가 늘고 있기 때문이다. 전문가들은 소년법 개정과 함께 청소년 범죄 예방을 위한 교육과 대책 마련이 시급하다고 강조한다. 2022년에 법무부가 촉법소년의 연령 상한선을 기존의 만 14세 미만에서 13세 미만으로 낮추자는 내용을 담아 소년법 <mark>개정</mark>을 예고하였지만, 찬반 의견이 갈리어 통과되지는 못했다.

범죄를 일으키는 연령이 점점 낮아지고 있어!

어휘 톡톡

- **범법** 법을 어김
- **소년법** 죄를 저지른 소년에 대하여 적용하는 법
- **개정** 이미 정하였던 것을 고쳐 다시 정함

《신나는 법공부!》는 어떤 책일까?

승재가 온정이의 수학 학습지를 훔친 이유는 무엇인가요?

온정이의 수학 학습지를 승재가 가져간 것을 안 이로는 승재에게 무엇을 알려 주었나요?

기사를 읽은 후에 알게 된 것은?

'촉법소년'이란 무엇인가요?

사람들이 '촉법소년'의 규정을 바꾸자고 요구하는 이유는 무엇인가요?

 **책과 기사를 읽은 후 하고 싶은 말**

《신나는 법공부!》의 주인공 이로와 온정은 법과 정의에 대해 생각이 달라요.
여러분은 이로와 온정이의 의견 중 어느 쪽이 옳다고 생각하나요? 그 이유를 써 보세요.

 **내 안의 생각 끌어내기**

촉법소년의 나이를 낮추는 것에 찬성하나요, 반대하나요? 여러분의 생각을 이유와 함께 써 보세요.

 **라온쌤의 책 속으로**

　우리 주변에서 일어나는 모든 일을 법으로 해결할 수는 없지만, 법과 관련된 일은 많이 벌어지고 있어요. 교실에서 일어나는 언어와 신체 폭력부터 학교 밖 스쿨존에서 일어나는 사고, 가족이나 친구 사이에서 물건 때문에 일어나는 다툼 등 매우 다양한 문제가 있지요. 당장 이런 문제들을 법으로 해결하기 위해 이 책을 읽는 것은 아니에요. 다만 법이 무엇인지, 어떤 상황에서 어떤 법을 쓰는지 알면 좀 더 합리적으로 생각하고 판단할 수 있기 때문이에요. 우리 생활은 늘 문제와 해결의 연속이라서 합리적 판단력은 누구에게나 필요하고, 어린이도 예외는 아니랍니다.

교과 연계 : 6-2 사회_지속 가능한 지구촌   난이도 ★★☆☆☆

지구마을에서 세계 시민으로 살아가는 법

난 지구를 아끼는 세계 시민!

지금 지구는 통신이나 교통의 발전으로 마치 하나의 마을처럼 가까워졌어요. 그래서 지구를 '지구촌'이라고 부릅니다. 이러한 세계화 시대에 우리도 세계 시민으로서의 자세를 갖추어야 해요. 나뿐만 아니라 다른 사람도 소중함을 알고, 다양한 문화를 이해하며, 모두가 함께 쓰는 환경을 소중히 지켜야 해요.

세계의 시민으로서 '나'의 위치를 아는 것은 매우 중요해요. 내가 누려야 할 권리부터 내가 지켜야 할 책임까지 말이에요. 이 책에 나오는 '지구마을'은 여러 사람이 모인 가상의 작은 마을이에요. 이곳에는 다양한 국가와 인종이 있고, 각기 다른 모습과 문화를 가진 친구들이 살아가요. 마치 우리가 사는 지구의 모습과 비슷하지요. 하지만 이곳에도 환경 문제가 있어요. 이 문제를 해결하기 위해서는 모두가 함께 노력해야 해요. 또한, 불공정한 거래나 서로 다른 문화로 인해 힘들어하는 사람들도 보호해야 하지요. 무엇보다 성숙하고 책임감 있는 인터넷 사용도 중요하답니다.

이런 지구마을에서 살아가는 어린이들은 '세계 시민 의식'을 갖는 것은 물론, 인권을 존중하며, 다양한 문화의 차이를 이해하기 위해 노력하고, 깨끗한 지구를 위해 힘쓰는 사람이 되어야 해요. 무엇보다 다른 사람의 마음에 공감할 줄 아는 것도 중요해요. 이 책을 읽으면 여러분도 세계 시민으로 한 걸음 더 나아갈 수 있을 거예요.

어린이 세계 시민 학교 박지선 글, 박연옥 그림 | 파란자전거 | 2018

나와 이 세계가 연결되어 있다는 것을 일깨우고, 우리가 지구에서 어떻게 좋은 시민으로 살 수 있는지 차근차근 알려 줘요. 더불어 지구와 환경 문제에 대해서도 알려 주어 세계 시민 의식을 키울 수 있어요.

라온쌤 뉴스 제 20호   키워드 플라스틱 제로, 재활용

'플라스틱 제로' 도시 만들기

모두 플라스틱 사용 줄이기에 동참해요!

　11월 7일, 서울시에서 '플라스틱 제로, 새로운 나의 도시'를 주제로 국제 기후 환경 포럼이 열렸다. 이번 포럼에서는 전 세계 도시들이 플라스틱 사용 문제 해결을 위해 각각 어떤 노력을 하고 있는지 논의했다. 서울을 포함해 도쿄, 베이징, 방콕 등 주요 도시들이 참여했으며, 함께 모여 지구를 지키기 위한 협력 **방안**을 찾았다.

　플라스틱은 우리 생활에서 많이 사용하는 물질로 가볍고 튼튼해서 물병, 컵, 빨대, 장난감 등 다양한 제품에 쓰인다. 하지만 한 번 사용하고 버려지는 플라스틱 쓰레기가 지나치게 많아지면서 큰 문제가 되고 있다. 플라스틱은 분해되는 데 오랜 시간이 걸리 때문에 환경을 오염시킨다. 또, 바다에 떠다니는 플라스틱 쓰레기를 먹은 물고기와 새들이 병에 걸리고, 그 물고기를 먹는 사람에게도 해가 된다. 이에 따라 세계 각국은 플라스틱 사용을 줄이려는 여러 방안을 마련하고 있다.

　이번 포럼에서는 여러 도시가 플라스틱을 줄이기 위해 실시하고 있는 다양한 방법을 공유했다. 예를 들어, 일회용 빨대 대신 종이 빨대를 사용하고, 재활용 시스템을 강화해 플라스틱 쓰레기를 줄인다. 서울시도 일회용품 사용 금지 **캠페인**을 통해 플라스틱 사용을 줄이기 위해 노력하고 있다.

　일회용 플라스틱 컵 대신 개인 컵을 사용하고, 플라스틱 쓰레기를 올바르게 분리수거 하는 등 일상의 작은 실천만으로도 깨끗한 지구를 만드는 데 큰 힘이 될 것이다.

🔍 **어휘 톡톡**

- **방안** 어떤 문제를 해결하거나 일을 잘 처리하기 위한 방법이나 계획
- **캠페인** 어떤 목표를 이루기 위해 사람들이 모여서 함께 활동

《어린이 세계 시민 학교》는 어떤 책일까?

지구를 '지구촌'이라고 부르는 이유는 무엇인가요?

지구마을에서 살아가는 어린이들이 갖추어야 할 태도는 무엇인가요?

기사를 읽은 후에 알게 된 것은?

가볍고 튼튼해서 편리한 플라스틱 사용이 왜 문제가 될까요?

여러 도시가 플라스틱 문제를 해결하기 위해 어떤 노력을 하고 있나요?

 **책과 기사를 읽은 후 하고 싶은 말**

세계는 서로 연결되어 있고, 우리가 사는 지구는 하나의 큰 집과 같아요.
지구를 깨끗하고 안전하게 지키기 위해 만약 한두 나라만 노력하거나 환경 보호를 위해
서로 협력하지 않는다면 어떤 일이 일어날까요?

 **내 안의 생각 끌어내기**

여러분이 세계 시민으로서 환경 보호를 위해 지금 당장 할 수 있는 일은 무엇인지 생각해 보고,
실천할 방법과 계획을 자세히 써 보세요.

 **라온쌤의 책 속으로**

　우리 지구는 온종일 바쁘게 사는 사람들로 가득합니다. 국적도, 언어도 다르지만 모두 함께 살아가는 존재들이에요. 이 지구에는 환경 문제, 아동 노동 문제, 존중 문제, 온라인 소통 문제 등 여러 가지 문제가 있어요. 이 책은 그러한 문제들을 한눈에 보여 주며, 우리가 단순히 바라만 보는 사람이 아닌 직접 행동해야 하는 능동적 참여자라는 것을 일깨워 줍니다. 선생님은 여러분이 이 지구에 존재하는 한 사람으로서 당당히 살아갔으면 좋겠어요. 그러니 이 책을 읽고 세계 시민으로서 어떤 일을 해야 하는지 생각해 보세요.

사회 | 하루 한 장 초등 필독서

교과 연계 : 4-2 사회_필요한 것의 생산과 교환   난이도 ★★★★☆

공짜인 듯 공짜가 아닌 상품의 진짜 가격

마트나 가게 등에서 물건을 사면 쿠폰을 줄 때가 있어요. 우리가 잘 아는 코카콜라는 이런 쿠폰 마케팅으로 큰 성공을 거두었다고 해요. 하지만 쿠폰은 결코 공짜가 아니에요. 우리가 사는 제품 가격에 이미 쿠폰 비용까지 포함되어 있거든요.

마트에 가면 여러 가지 할인, 특가 상품들이 우리를 유혹해요. 또 '1+1 제품'은 왠지 하나를 더 준다니 꼭 사야 할 것 같고요. 그런데 이런 행사 상품은 직원들의 인건비부터 모든 비용이 이미 제품 가격에 포함되어 있어요. 결국, 하나를 더 준다고 해서 공짜가 아닌 거지요.

모든 브랜드는 다른 제품과 구별하기 위해 저마다의 이름이 있어요. 그리고 브랜드의 가치가 높아져야 제품이 잘 팔리기 때문에 회사는 가치를 높이기 위해 노력해요. 그러나 브랜드가 유명하다고 해서 제품이 꼭 좋다는 보장은 없지요.

아이돌이 소속된 기획사는 아이돌을 연습시키고 키워서 그들을 통해 돈을 벌어요. 무대에 세우기까지 많은 돈을 투자하고, 아이돌이 일을 시작하면 돈을 다시 거두어들여요. 아이돌 굿즈 같은 상품도 기업에서 돈을 벌기 위해 만든 하나의 상품이랍니다.

그 밖에 아르바이트와 돈의 가치, 우리가 받는 서비스에 숨겨진 비밀들, 캐릭터 사업에 얽힌 이야기 등 우리 생활 속 경제 이야기가 이 책에 가득 담겨 있어요.

1+1이 공짜가 아니라고? 이정주 글, 강은옥 그림 | 개암나무 | 2018

어린이가 생활 속에서 경험했을 법한 마트, 인터넷 쇼핑몰 등의 열 가지 이야기를 통해 경제 개념을 쉽고 재미있게 소개해요. 다양한 경제 용어를 알고, 올바른 경제 관념을 키울 수 있어요.

라온쌤 뉴스 제21호　　　　　　　　　　　　　　　키워드 대용량 상품, 챌린지

불티나게 팔리는 대용량 상품

상품 크기를 키우는 '거거익선(巨巨益善)' 즉 크면 클수록 좋다는 상품 마케팅의 열기가 뜨겁다. 대형마트와 온라인 쇼핑몰에서 시작된 이 전략은 높은 물가 속 소비자의 호응을 얻어 최근 편의점 상품으로까지 퍼졌다.

한 편의점은 초대형 물냉면을 판매했는데 미리 준비한 상품이 하루 만에 모두 팔리기도 했다. 이를 본 경쟁 편의점들은 비빔면 같은 인기 상품의 크기를 키우거나 대식가로 유명한 인플루언서를 섭외해 '8인분 라면'과 같은 대용량 상품의 마케팅을 진행했다.

대용량 상품은 단순히 한 끼를 때우는 것을 넘어 유행이 되었고, 그 결과 소비자들의 주목을 받으며 편의점뿐만 아니라 온라인 몰에서도 인기를 끌었다. 대용량 상품들은 지난해보다 27%나 더 팔렸고 수세미, 행주, 세탁 세제 등 생활용품 또한 대용량 상품들의 판매가 크게 늘었다.

전문가들은 대용량 상품의 성공 요인 중 하나로 SNS에서의 유행을 꼽는다. '대용량 챌린지'가 인기를 끌며 유명 유튜버들이 리뷰를 진행하고, 소비자들은 이를 체험과 놀이로 즐기고 있다.

대용량 상품은 크기에서 오는 신선한 재미와 경제적 이점 덕분에 소비자들에게 큰 인기를 끌며 새로운 유행을 만들어 가고 있다.

어휘 톡톡

- **섭외** 연락을 취하여 의논함
- **이점** 이로운 점

 《1+1이 공짜가 아니라고?》는 어떤 책일까?

'1+1 제품'이 공짜가 아닌 이유는 무엇인가요?

기업에서 각자의 브랜드 이미지를 높이는 이유는 무엇인가요?

기사를 읽은 후에 알게 된 것은?

'거거익선' 마케팅이란 무엇인가요?

소비자들이 대용량 상품을 매력적으로 느끼는 이유는 무엇인가요?

 **책과 기사를 읽은 후 하고 싶은 말**

우리는 알게 모르게 하루에도 수많은 광고를 보게 돼요.
SNS에 유행하는 상품을 구매하기 전에 꼭 생각해 봐야 할 점은 무엇인가요?

 **내 안의 생각 끌어내기**

물건을 사거나 서비스를 소비하면서 즐거움과 재미를 찾는 소비자를
'펀슈머(Fun+Consumer, 재미+소비자)'라고 해요. 상품의 가성비나 실용성을 따지는 것보다는
즐거움을 추구하는 소비를 하는 펀슈머에 대한 여러분의 생각을 써 보세요.

 **라온쌤의 책 속으로**

편의점이나 마트에서는 1+1이라고 광고하는 제품을 흔히 볼 수 있어요. 그런 상품을 구입하면 괜히 이득을 본 것 같아 기분이 좋아요. 그런데 사실 세상에 공짜는 없어요. 가만히 생각해 보면 무조건 이득인 상품도 아닌데, 우리는 왜 그런 제품에 끌릴까요? 또, 1+1 상품을 파는 기업은 어떻게 이득을 얻을까요? 이 책은 그런 우리 주변의 경제 이야기들을 쉽고 재미있게 풀었어요. 그뿐만 아니라 아이돌 굿즈부터 캐릭터 상품, 프랜차이즈 치킨 가게들의 판매 전략 같은 이야기도 등장해 읽기도 쉽고 이해도 쉽답니다. 매일 새로운 제품이 나오고, 마케팅도 활발히 이루어지는 이 시대에 지혜롭고 똑똑한 소비를 위해서 꼭 읽어야 할 책이에요.

사회 | 하루 한 장 초등 필독서

교과 연계 : 6-2 사회_지구촌의 평화와 발전   난이도 ★★★☆☆

정해진 운명대로만 살지 않을 거야!

2007년 《신도 버린 사람들》이라는 책이 출간되어 많은 사람의 관심을 받았어요. 이 책은 당시 인도의 '국가 계획 위원회'에서 일했던 나렌드라 자다브가 쓴 책으로, 인도에서 사람다운 대접을 받지 못하는 불가촉천민의 이야기를 담고 있어요. 이 책을 어린이도 읽을 수 있게 쉽게 구성한 책이 바로 《어린이를 위한 신도 버린 사람들》이에요.

인도는 약 3500년 동안 '카스트'라는 신분 제도가 뿌리 깊이 전해 내려와요. 그중 가장 낮은 신분은 불가촉천민인 '수드라'로 닿기만 해도 불길하다는 뜻이에요. 주인공인 다무는 불가촉천민으로 태어나 어릴 때부터 자신의 처지를 깨달아요. 자신들이 지나간 길이 더러워질까 봐 빗자루를 매달고 다녀야 하고, 물도 마음대로 마실 수 없어요.

이런 상황에서도 다무는 자신에게 친절한 백인의 딸 미시바바와 친구가 되기도 하고, 나중에는 철도 회사에서 일하게 돼요. 그리고 그때 불가촉천민의 삶을 위해 애쓰는 바바 사헤브라를 만나면서 다무 또한 불평등에 대해 생각하고, 인도 사회를 바꾸기 위해 노력하지요. 다무는 소누와 결혼한 후에도 인간의 권리를 위해 싸웠어요. 무엇보다 자식들에게 자신과 같은 삶을 물려주고 싶지 않아서 자녀들을 공부시키는 데 열심이었지요.

그렇게 자녀들을 모두 성장시킨 후 세상을 떠났으며, 그의 첫째 아들이 바로 이 책을 쓴 나렌드라 자다브입니다.

어린이를 위한 신도 버린 사람들
나렌드라 자다브 지음, 이종옥 그림, 김선희 편 | 주니어김영사 | 2009

인도의 불가촉천민 신분의 사람들이 겪은 부당함과 차별에 대해 자세히 다루었어요. 실존 인물인 자다브가 신분의 한계를 뛰어넘어 성장하는 과정을 보여 줘요.

라온쌤 뉴스 제22호   키워드 나렌드라 모디, 카스트

세 번째 총리가 된 나렌드라 모디

인도에서 나렌드라 모디가 세 번째로 총리에 당선되며 15년이라는 장기 집권을 확정했다. 그는 인도의 최하층 신분인 '수드라'에 가까운 '간치' 출신 총리이기에 더욱 특별하다. 더욱이 기차역에서 밀크티를 팔다가 정치에 입문했으며, 또 인도의 경제를 발전시켜 인도 사람들에게는 '힌두 황제'라고 불리고 있다.

신분, 계급이 개인의 인생을 결정해서는 안 됩니다!

나렌드라 모디 총리를 보며 인도에서 '카스트 제도'가 점점 힘을 잃어가는 게 아니냐는 의견도 있다. 인도 정부는 카스트 차별을 법으로 금지했지만, 실제로 인도 사회는 아직도 카스트에 따른 차별이 있다. 현재 인도에서는 아직도 1억 명 정도가 불가촉천민인 수드라로 남아 있다. 다만 앞으로는 전통적인 계급 구조가 아닌, 재산에 따라 신분이 달라지는 신계급주의 사회가 될 것이라는 우려 섞인 시선도 있다.

전 세계적으로 차별은 계속되고 있다. 인종 차별, 여성과 남성을 차별하는 성차별, 고용주가 노동자를 차별하는 일, 돈과 지위에 의해 차별하는 일도 아직 많이 일어난다. 하지만 나렌드라 모디 총리처럼 신분을 뛰어넘어 자신의 꿈을 이루는 사람들이 있기에, 우리는 차별을 극복하고 더욱 평등한 세상을 만들 거라는 희망을 품을 수 있다.

어휘 톡톡

- **확정** 일을 확실하게 정함
- **불가촉천민** '접촉할 수 없는 천민'이란 뜻으로, 인도의 카스트 제도에서 가장 낮은 신분의 사람들을 통틀어 이르는 말
- **우려** 근심하거나 걱정함

《어린이를 위한 신도 버린 사람들》은 어떤 책일까?

불가촉천민인 수드라가 허리에 빗자루를 매달고 다니는 이유는 무엇인가요?

가장 낮은 신분인 '수드라'의 삶을 다룬 이 책의 제목이 '신도 버린 사람들'인 이유는 무엇인가요?

기사를 읽은 후에 알게 된 것은?

나렌드라 모디가 세 번째로 총리에 당선되며, 인도 사회에 어떤 변화가 기대되고 있나요?

변화하는 인도의 계급주의에 대한 사람들의 우려는 무엇인가요?

 **책과 기사를 읽은 후 하고 싶은 말**

신분이나 재산에 따라 차별받지 않는 평등한 사회를 만들기 위해 필요한 제도를 하나만 생각해 써 보세요.

 **내 안의 생각 끌어내기**

우리 반에서 키가 작거나, 옷이 다르거나, 말을 잘 못하는 등의 이유로 친구를 놀리는 모습을 본다면, 여러분은 그 친구에게 어떤 말을 해 주고 싶은가요?

 **라온쌤의 책 속으로**

이 책을 쓴 나렌드라 자다브는 '인도의 영웅'이라 불리는 사람이에요. 인도에서 종교·인권·신분 등 어떤 방면으로도 극심한 차별을 당하는 수드라로 태어나 인도의 경제학자로 자리 잡았거든요. 그는 《신도 버린 사람들》이라는 책을 통해 인도의 현실을 알렸어요. 인도에서 카스트 제도는 1947년부터 법적으로 금지되었으나, 여전히 카스트에 따른 차별이 남아 있어요. 다무의 가족은 나중에 불교로 종교를 바꾸어요. 이 책의 제목처럼 불가촉천민은 신에게마저 보호받지 못하니 차별도 계급도 없는 불교로 종교를 바꾸고 싶은 마음은 당연할 거예요. 다무의 이야기를 통해 지금도 세계 곳곳에서 벌어지는 차별에 대해 깊이 생각해 봐요.

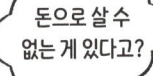

사회 | 하루 한 장 초등 필독서

교과 연계 : 4-2 사회_필요한 것의 생산과 교환   난이도 ★★★☆☆

돈으로 살 수 있는 것과 없는 것

　우리는 일상 속에서 많은 것을 돈으로 거래하고 있어요. 하지만 돈으로 살 수 있는 것과 살 수 없는 것 사이에는 분명한 경계가 있어요. 예를 들어, 돈을 받고 대신 줄을 서 주는 일은 정당할까요? 또 병원에서 연회비를 낸 사람들이 진료를 먼저 받는 것이 옳을까요? 공부와 관련된 보상 이야기도 흥미로워요. 보상을 받으면 성적이 오를 것 같지만, 결론적으로 보상이 성적을 올린다는 근거는 없어요. 오히려 보상이 끊기는 순간 공부에 대한 흥미가 사라졌다는 이야기가 많지요. 반면, 보상 없이도 성적이 오른 사람들은 스스로 동기와 흥미로 공부를 계속했다고 해요.

　우리 사회는 점점 더 많은 것을 돈의 가치로 평가하고 있어요. 시장의 범위가 넓어지면서 숫자로 가치를 매기는 사회가 되었지요. 하지만 그것들이 모두 정당한지 우리는 스스로에게 물어야 해요. 누군가의 모든 가치를 숫자로 평가하는 것은 왜 문제가 될까요? 무형의 가치를 돈과 바꿀 수 있다면 어떤 일이 생길까요? 모든 것이 사고팔리는 사회에서 정말 돈으로 살 수 없는 것은 무엇일까요?

　이 책의 저자인 마이클 샌델은 이런 질문들을 통해 경제 논리로만으로는 설명할 수 없는 문제를 꺼내 놓고, 다양한 가치 판단 기준을 제시해요. 이를 통해 돈과 시장의 가치 그리고 그것의 한계에 대해 깊이 생각해 볼 수 있어요.

10대를 위한 돈으로 살 수 없는 것들
마이클 샌델 원저, 이현희 글 | 미래엔아이세움 | 2023

《돈으로 살 수 없는 것들》을 어린이와 청소년이 쉽게 이해할 수 있는 내용으로 새롭게 구성했어요. 돈으로 살 수 없는 것들이 돈에 의해 거래되고 있는 현상을 설명하며, 우리가 지켜야 할 도덕적 가치에 대해 생각해 보게 해요.

라온쌤 뉴스 제23호 키워드 매직패스, 공정

놀이공원 매직패스는 공정한가?

우리나라의 한 대형 놀이공원에서는 '매직패스' 제도를 운영하고 있다. 돈을 더 내고 비싼 입장권을 사면 기다리지 않고도 별도 출입구로 들어가 놀이기구를 탈 수 있는 제도이다. 초반에는 연간 이용권 이용자에게 주던 혜택이었는데, 이후 따로 판매하는 상품이 되었다.

이 매직패스 제도는 시간을 돈으로 사는 것이기에 항상 논란의 중심에 서 있다. 이에 대해 두 가지 입장이 있는데, 우선 자본주의 사회에서 돈으로 시간을 사는 것은 당연하다는 입장이다. 놀이공원에서 정하는 자율적인 선택이며, 운영 방식 중 하나이기 때문에 누군가 왈가왈부할 문제가 아니라고도 말한다.

반면 매직패스 탑승권을 구매한 관람객들이 대기 시간 없이 놀이기구를 이용하는 모습은 다른 관람객들에게 위화감을 줄 수 있다. 또한 돈을 주고 공식적으로 새치기하는 것이라는 주장도 있다.

돈을 더 내면 줄을 서지 않아도 된다니!

무엇보다 놀이공원은 주로 어린이들이 이용하는데, 매직패스를 경험한 어린이들이 모든 것을 돈으로 해결할 수 있다는 잘못된 생각을 가지게 될 수 있다는 우려도 있다.

어떤 면에서는 편리한 매직패스 제도는 많은 사람에게 공정에 대한 깊은 고민을 불러일으킨다.

어휘 톡톡

- **왈가왈부** 어떤 일에 대하여 옳거니 옳지 아니하거니 하고 말함
- **위화감** 어울리지 않는 어설픈 느낌
- **공정** 공평하고 올바름

《10대를 위한 돈으로 살 수 없는 것들》은 어떤 책일까?

돈으로 살 수 있는 것과 없는 것을 하나씩 예로 들고 그 이유를 써 보세요.

만약 연회비를 낸 사람들만 병원 진료를 받을 수 있다면 어떤 문제가 일어날까요?

기사를 읽은 후에 알게 된 것은?

놀이공원의 매직 패스를 긍정적으로 생각하는 입장은 무엇인가요?

놀이공원의 매직 패스를 부정적으로 생각하는 입장은 무엇인가요?

 책과 기사를 읽은 후 하고 싶은 말

놀이공원의 매직패스를 돈으로만 사는 대신, 모두가 공정하게 사용할 수 있는
새로운 방법을 제안해 보세요.

 내 안의 생각 끌어내기

최근 학교나 집에서 공정하지 않다고 느꼈던 상황이 있었나요? 그렇게 느낀 이유는 무엇이고,
어떻게 그 상황을 해결했는지 써 보세요.

마이클 샌델은 미국의 정치철학자입니다. 하버드 대학의 교육 강의 '정의'에서 존 롤스의 정의론을 비판하여 세계적으로 유명해졌어요. 한국에서도 '정의란 무엇인가'라는 주제를 통해 사람들의 관심을 모았지요. 이 책은 조금은 어려울 수 있는 주제들을 10대의 눈높이로 쉽게 풀어냈어요. 총 17가지 주제로 실제 사례를 제시하고 생각할 거리를 별도 페이지로 제시하여 편안하게 읽을 수 있어요. 여기서 다루는 주제들은 대부분 우리가 일상에서 경험했던 것, 앞으로 경험할 것들이에요. 시장 논리로만 생각할 수 없는 도덕과 공정에 대해 고민한다면, 앞으로 살아가는 기준을 세우는 데 큰 도움이 될 거예요.

교과 연계 : 6-1 도덕_공정한 생활 난이도 ★★★★★

소비하는 사람들, 고통받는 그들

공정하게 거래한 상품을 찾자!

한시라도 손에서 떼기 힘든 스마트폰, 우리가 먹는 커피, 바나나, 설탕 그리고 입고 있는 티셔츠까지, 이 모든 것이 어디에서 어떻게 올까요?

운동 경기에서 정정당당하게 페어플레이를 하듯 원산지에 정당한 가치를 지불하고 가져오면 좋겠지만, 현실은 그렇지 않은 경우가 더 많아요. 공정하지 못한 거래로 누군가는 정당한 대가를 받지 못하고 고통받고 있답니다.

스마트폰을 만드는 데 꼭 필요한 재료 중 하나인 콜탄의 70~80%가 콩고민주공화국에 매장되어 있어요. 이 이야기만 들으면 콩고는 부자 나라일 것 같지만, 현실은 가난과 고통에 신음하고 있어요. 그 이유는 콜탄 채취 과정에서 많은 사람이 부당한 노동에 시달리고, 광산을 차지하기 위한 분쟁이 끊이지 않기 때문이에요. 콜탄이 가져다주는 경제적 이익이 정당하게 분배되지 않고, 오히려 고통의 원인이 되고 있는 셈이지요.

우리가 먹는 음식들에도 이런 일이 벌어지고 있어요. 대기업들은 기술이나 씨앗에 대한 권리를 사들인 뒤, 가난한 나라의 땅에서 대규모로 바나나, 카카오, 설탕을 생산해요. 하지만 그 과정에서 농민들은 정당한 대가를 받지 못하고 고된 노동에 시달리고 있답니다. 이 책에는 이런 불합리를 해결하기 위한 노력에 대해 알려 주고, 나아가 우리가 어떻게 해야 하는지 그 대안도 제시해 준답니다.

공정무역 세계여행 김이경 글, 문신기 그림 | 나무야 | 2021

스마트폰, 티셔츠, 카카오 등 우리가 흔히 접하는 것들이 어떤 경로로 우리에게 오는지 알려 주며, 공정 무역의 필요성과 정당함을 이야기해요.

라온쌤 뉴스 제24호   키워드 공정 무역, 나눔

아시아 최대의 공정 무역 지역, 한국

 '국제 공정 무역 마을 운영 위원회'는 영국에서 '공정 무역 마을 운동'이 시작된 2000년 이후 현재까지 전 세계에 2,232개의 공정 무역 마을이 생겼다고 밝혔다. 독일이 843개로 가장 많고, 카카오의 원산지인 가나까지 퍼져 있다. 우리나라에는 총 17개 마을이 있어 아시아 최대 가입국이다.

 이들이 공정 무역을 주장하는 이유는 생산자들에게 정당한 보상을 돌려 주기 위해서이다. 약소국들은 힘에서 밀려 물건을 만들어도 제대로 된 가치를 인정받지 못하고, 지금도 빈곤과 아동 노동, 기후 위기에 시달리고 있다. 공정 무역은 이를 정상화하기 위함이다.

 공정 무역 마을이 되려면 다양한 목표를 이뤄야 한다. 먼저 지방 자치 단체는 관련 조례와 공정 무역 위원회를 만들어야 하고, 또 그 지역에는 공정 무역 제품을 사용하거나 판매하는 가게와 공정 무역 인증을 받은 커뮤니티도 한 개 이상 있어야 한다. 꾸준히 관련 캠페인이나 홍보 활동을 해야 하며, 선정되어도 2년에 한 번씩 이것들이 잘 이루어지고 있는지 증명해야 한다.

 또한, 공정 무역 학교로 인증받은 학교는 아이들에게 공정 무역에 대해 교육하고, 급식과 매점에서 공정 무역으로 거래된 물품을 쓴다. 학생들은 공정 무역 동아리를 만들어서 스스로 캠페인을 진행하기도 한다. 이 과정에서 공정 무역의 필요성을 깨닫고 실천할 수 있다.

어휘 톡톡
- **약소국** 정치·경제·군사적으로 힘이 약한 작은 나라
- **조례** 조목조목 적어 놓은 규칙이나 명령
- **인증** 어떠한 문서나 행위가 정당한 절차로 이루어졌다는 것을 공적 기관이 증명함

《공정무역 세계여행》은 어떤 책일까?

공정 무역이란 무엇인가요?

스마트폰에 꼭 필요한 재료를 생산하는 콩고가 부자가 되지 못한 이유 중 하나는 무엇인가요?

기사를 읽은 후에 알게 된 것은?

'국제 공정 무역 마을 운영 위원회'가 공정 무역을 주장하는 이유는 무엇인가요?

인증받은 '공정 무역 학교'에서는 어떤 활동을 하고 있나요?

 **책과 기사를 읽은 후 하고 싶은 말**

여러분이 직접 공정 무역에 대한 내용과 관련 제품을 사람들에게 알려야 한다면,
어떤 방법을 선택할 것인가요? 자유롭게 생각하고 써 보세요.

 **내 안의 생각 끌어내기**

공정 무역 제품 소비와 관련해 여러분이 실천할 수 있는 것 또는
부모님께 제안하고 싶은 것은 무엇인가요?

 **라온쌤의 책 속으로**

공정 무역에 대해 들어본 적 있나요? 초콜릿을 만드는 카카오나 티셔츠가 만들어지는 과정에서 어떤 일이 일어나는지 얼핏 들어보았을 거예요. 이 책에서는 불공정 무역을 해결하기 위한 여러 대안을 제시하고 있어요. 사실 불공정 무역의 문제는 전 세계 경제 구조와 연결되어 있어서 생각보다 해결이 쉽지 않아요. 그런데도 소비자로서 우리는 옳은 방향으로 나아가야 해요. 공정 무역은 누구나 실천할 수 있는 시민운동이에요. 여러분도 이 책을 읽은 후 지금 당장 무엇을 실천할 수 있는지 고민해 보세요.

4장
과학·환경
Book & News

과학·환경책은 왜 읽어야 할까요?

세상을 이해하고 미래를 준비하기 위한 지식

어린 시절에는 모든 것이 궁금하고 알고 싶기 마련이에요. 누구나 어른들에게 끊임없이 질문하던 경험이 있을 거예요. 어릴 때보다는 호기심이 많이 사라졌지만, 사실 이 세상은 여전히 신기하고 궁금한 것들로 가득해요.

해와 달은 왜 뜨는지, 꽃은 왜 피고, 계절마다 나무의 모습이 왜 달라지는지, 자동차 바퀴는 어떻게 굴러가는지, 한여름 더위를 식혀 주는 에어컨의 원리는 무엇인지, 이 세상의 동물과 식물은 어떻게 살아가는지 등 당연하게 여기는 일들도 호기심을 가지고 들여다보면 우리가 모르는 것이 정말 많아요.

이런 궁금증을 친절하게 풀어 주는 것이 바로 과학책이에요. 그래서 과학책을 읽으면 새로운 것을 알게 되고 세상을 보는 시야가 넓어지며, 거기서 또 다른 호기심이 자라나요. 여러 지식과 정보를 얻을 수 있는 것은 물론이고, 생활 속에 적용할 수 있는 정보도 많아서 실생활에도 많은 도움이 되지요.

무엇보다 이렇게 세상의 여러 현상이나 원리, 사물, 생물에 대해 알게 되면 이해의 폭이 넓어져요. 아는 만큼 보인다는 말이 있어요. 지적 호기심을 충족시켜 주는 동시에 새로운 관점을 길러 주는 과학책은 어린이들이 꼭 읽어야 할 필독서예요.

매일 뉴스를 통해 접하는 환경 문제를 모르는 사람은 없을 거예요. 뉴스는 특성상 현상에만 집중해서 보도하지만, 환경책은 자연환경의 변화와 문제를 더 깊고 체계적으로 설명해 전체 환경의 변화를 이해하는 데 도움이 돼요. 생태계, 기후 변화, 자원

고갈 등에 대해 차근차근 풀어내기 때문에 차분하게 생각해 볼 수 있지요.

또한 환경 문제를 다루면서 해결책까지 제시하는 책들이 많아요. 이런 책을 읽으면 에너지 절약, 재활용, 친환경 소비 등 지속 가능한 생활 방식을 배우고 실천 의지도 생길 거예요. 환경 문제는 개인의 문제가 아니에요. 우리 모두 지구에서 사는 하나의 생명으로서 책임감을 가지고 함께 노력해야 해요.

뉴스는 늘 온난화, 기후 위기 등을 다루지만, 어떻게 해결해야 할지 구체적으로 알려 주지는 않지요. 환경책을 통해 문제의식을 키우고, 지금 우리가 할 수 있는 일에 집중하면, 지구와 우리의 삶이 더 나아질 거예요.

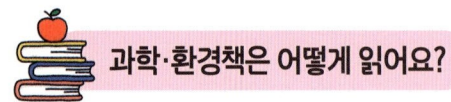 **과학·환경책은 어떻게 읽어요?**

과학책과 환경책은 우리가 사는 세상을 이해하고, 더 나은 미래를 준비하는 데 도움을 주는 소중한 지식이 담겨 있어요. 하지만 이 책들은 일반 소설이나 이야기책과는 다르게 접근해야 해요. 새로운 정보가 많고, 개념이나 지식이 복잡하게 느껴질 수도 있거든요. 지금부터 과학책과 환경책을 효과적으로 읽는 방법을 알려 드릴게요.

1. 목차 읽기
모든 책이 그렇지만, 과학책과 환경책은 특히 목차를 유심히 읽는 것이 중요해요. 과학책은 대개 흥미로운 이야기를 소개하고, 개념을 설명한 후에 마무리하는 구조로 되어 있어요. 환경책도 주제를 흥미롭게 시작한 뒤, 개념을 풀어 설명하고 해결 방안을 제시하는 경우가 많아요. 목차를 보면 이런 큰 흐름을 미리 알 수 있는데, 이 흐름을 파악하면 책 내용을 더 큰 시선으로 보고 읽을 수 있어요.

2. 서문 읽기
지식 책에서 서문은 매우 중요해요. 본문은 주로 개념이나 상황을 설명하기 때문에 저자의 목소리가 잘 드러나지 않지만, 서문은 저자가 이 책을 쓴 이유나 독자가 얻었으면 하는 점들을 이야기해요. 서문을 읽으면 책을 읽는 목적과 방향성이 생겨서 독서에 훨씬 도움이 된답니다.

3. 나누어 읽기, 발췌해서 읽기
과학책과 환경책은 지식과 정보의 양이 많아서 한 번에 쓱 읽어내기 쉽지 않아요. 처음에는 흥미롭게 느껴지는 책도 끝까지 읽기가 어려운 경우가 많지요. 그래서 챕터별로 나누어 읽는 것이 좋아요. 하나의 챕터를 한 호흡에 읽고 며칠 쉰 후 다음 챕터를 읽는 식으로 진행하면 훨씬 수월해요. 또는, 필요한 부분이나 새롭게 관심이 가는 내용만 뽑아서 읽는 방법도 좋아요.

4. 새로운 정보 기록하기

책에 있는 모든 내용을 다 기억하고 이해하려고 할 필요는 없어요. 책은 자신이 이해할 수 있는 만큼만 이해하면 되니까요. 많은 내용 중에서 새롭게 알게 된 것을 한두 가지 따로 기록해 보세요. 모든 것을 기록하지 않아도, 딱 몇 가지라도 정리하면 의미 있는 독서가 될 거예요.

5. 기억할 정보 기록하기

새로운 정보를 기록한 뒤에는, 그중에서 꼭 기억하고 싶은 한 가지를 골라 보세요. 과학과 환경은 우리 생활과 밀접하게 연결되어 있기 때문에 실생활에 유용한 정보가 많아요. 꼭 기억해 두고 싶은 내용을 찾으면 더 오래도록 책의 내용을 활용할 수 있어요.

6. 실천할 일 생각하기

과학책이라면, 새롭게 알게 된 개념이나 원리를 생활에 적용할 방법을 생각해 보세요. 예를 들어, 정기와 정전기에 대한 책을 읽고 "겨울철에는 정전기를 줄이기 위해 가습기를 사용해 실내 습도를 유지하자!" 같은 결론을 내릴 수 있겠지요. 환경책은 실천할 일이 더 많아요. 에너지 절약, 재활용, 친환경 소비 등 딱 한 가지라도 실천할 거리를 찾는다면, 과학책과 환경책 읽기의 의미를 충분히 느낄 수 있을 거예요.

과학·환경 하루 한 장 초등 필독서

교과 연계 : 6-1 도덕_작은 손길이 모여 따뜻해지는 세상   난이도 ★☆☆☆☆

숲을 만든 한 사람의 손길

　홀로 여행하던 한 젊은이, '나'는 어느 황무지에 도착합니다. 그곳에서 어느 노인을 만나는데 그는 '나'에게 먹을 것과 물을 주고 잠자리도 제공해 줬어요.

　당장 그곳을 떠날 수 없었던 주인공은 대화를 통해 노인에 대해 조금씩 알아가지요. 그의 이름은 엘제아르 부피에이며, 아내와 아이가 세상을 떠난 후 황무지로 와서 양 떼 그리고 개 한 마리와 함께 살고 있어요. 그는 땅에 구멍을 내고 멀리서 모아온 도토리를 넣으며 열심히 나무를 심고 있다고 했어요.

　황무지를 떠난 뒤 제1차 세계 대전에 참전한 주인공은 전쟁이 끝나고 다시 그곳을 찾아갑니다. 그러고는 깜짝 놀라고 말았어요. 그 황무지가 멋진 숲으로 바뀌어 있었거든요. 노인의 노력이 빛을 본 것이었어요. 그는 이제 꿀벌을 치고 있다고 말합니다.

　황무지가 숲이 되자 시냇물이 흐르고 짐승들도 찾아오기 시작했어요. 자연스럽게 사람들도 모였고, 마을도 만들어졌어요. 노인이 만든 숲속에서 사람들은 평화로워 보였어요. 나라에서는 그곳을 환경 보존 구역으로 지정해 주었어요. 사람들은 이 멋진 숲이 노인의 노력과 희생 때문이라는 사실도 모르고 그저 특이한 자연 현상이라고만 생각했지요. 주인공은 다시 노인을 찾아가 만났고, 2년 후 엘제아르 부피에는 양로원에서 세상을 떠납니다.

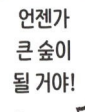

언젠가 큰 숲이 될 거야!

나무를 심은 사람

장 지오노 글, 프레데릭 백 그림, 햇살과나무꾼 역 | 두레아이들 | 2002

일평생을 아무것도 없는 황무지에 나무를 심은 한 양치기 노인의 이야기를 그린 소설이에요. 1부는 양치기 노인이 매일 도토리를 심는 모습을, 2부는 노인을 만났던 '나'가 그곳이 떡갈나무 숲으로 변한 것을 보고 감동하는 모습이 담겨 있어요.

라온쌤 뉴스 제 25호　　　　　　　　　　　키워드 도시숲, WHO

쾌적한 도시 생활 환경을 만드는 도시숲

도시의 환경과 기후 문제를 해결하는 데 도움이 되는 도시숲이 점점 늘어나고 있다. 도시숲은 대기 오염을 줄이고 기온을 낮추는 등의 효과가 있어 도시 생활을 쾌적하게 만드는 데 도움을 준다. 또한, 시민들이 자연을 직접 느끼고 경험할 수 있는 공간이 되기도 한다.

산림청장은 2027년까지 WHO에서 권고하는 1인당 생활권 도시숲 면적 15㎡를 달성하겠다고 발표했다. 그러기 위해 도심 속에 놀고 있는 공간을 적극적으로 숲으로 만들고, 도시숲의 중요성을 알리는 다양한 캠페인도 준비할 예정이다. 또한, 만들어진 숲을 오랫동안 잘 관리할 수 있도록 관련 법률도 만들어 지속적으로 관리할 계획이다.

도시 속에 숲이 만들어지면 많은 긍정적인 효과가 있다. 여름철에는 도시 내 평균 기온을 3~7℃ 정도 낮춰 폭염을 완화하고, 미세먼지를 26% 줄여 대기질을 좋게 하며, 습도를 9~23% 정도 증가시켜 건조한 도시 환경을 개선

도시에서도 숲을 볼 수 있어 좋아요!

하는 데 도움이 된다. 도심 속 차량 소음도 줄여 사람들에게 더욱 쾌적한 생활 환경을 제공한다.

도시숲은 어린이를 위한 교육 공간으로도 활용된다. 이곳에 숲의 생태를 배울 수 있는 다양한 체험 공간을 만들 예정이다. 어린 시절의 숲 체험은 아이들의 창의성 향상에 긍정적인 영향을 미치며, 정서 발달에도 큰 도움이 된다.

어휘 톡톡

- **권고** 어떤 일을 하도록 권함
- **개선** 잘못된 것이나 부족한 것을 고쳐 더 좋게 만듦
- **생태** 생물이 살아가는 모양이나 상태

 《나무를 심은 사람》은 어떤 책일까?

엘제아르 부피에는 아내와 아이가 세상을 떠난 후 무엇을 했나요?

전쟁에 참전했다가 다시 돌아온 젊은이 '나'가 깜짝 놀란 이유는 무엇인가요?

기사를 읽은 후에 알게 된 것은?

도시숲의 긍정적인 효과는 무엇인가요?

아이들이 숲을 가까이 하고 체험하면 나타나는 긍정적인 효과는 무엇인가요?

 **책과 기사를 읽은 후 하고 싶은 말**

우리 동네의 공원과 거리의 나무들을 더 건강하게 가꾸기 위해 구청이나 주민센터에서 실시할 수 있는 프로그램이나 행사를 제안해 보세요.

 **내 안의 생각 끌어내기**

여러분이 사는 동네에 지금보다 숲이 많이 생긴다면 어떤 변화가 생길까요?
또 그런 숲을 늘리기 위해 지금 당장 실천할 수 있는 일은 무엇인가요?

이 책의 작가 장 지오노는 남프랑스의 프로방스에서 태어났어요. 어릴 때 도토리를 심으며 아버지와 황무지를 산책하고, 양치기의 이야기를 들으며 자랐다고 해요. 제1차 세계 대전이 일어나자 장 지오노는 징병에 반대하며 시위를 하기도 했어요. 그러다가 1929년에 처음으로 쓴 소설 《언덕》을 통해 작가가 되지요. 《나무를 심은 사람》은 소설이며, 엘제아르 부피에 또한 가공의 인물이에요. 그러나 마치 진짜 있었던 일처럼 읽히는 이유는 아마도 이 작품의 문장들이 덤덤하고 깔끔하기 때문일 거예요. 모든 소설이 그렇지만, 이 작품 또한 장 지오노의 삶과 맥을 같이 하고 있어요. 작가의 삶을 생각하며 이 소설을 읽어 보면 더욱 많은 것이 보일 거예요.

과학·환경 하루 한 장 초등 필독서

교과 연계 : 5-1 과학_다양한 생물과 우리 생활   난이도 ★★★☆☆

신비롭고 아름다운 생명의 신비

유명한 동물학자 최재천 박사는 다양한 장소에서 만난 여러 생명에 관한 이야기를 재미있게 들려줘요. 그는 서울대 동물학과를 졸업하고 미국으로 건너가 생태학을 공부했어요. 1994년 한국으로 돌아온 뒤 서울대 교수로 활동했지요. 박사 학위를 따기 위해 열대 우림에 들어간 최재천 박사는 그곳에서 보고 느낀 경험을 바탕으로 생명의 경이로움

과 신비를 이 책을 통해 흥미진진하게 풀어냅니다. 열대 지방에서 만난 버섯을 키워 양분으로 삼는 잎꾼개미, 사람을 보고 그저 털이 있는 동물로 여기는 흰얼굴꼬리말이원숭이, 몸길이가 2mm밖에 되지 않는 민벌레까지, 우리가 몰랐던 다양한 생물의 생태를 친절하게 알려 줘요.

이어지는 이야기에서는 모성애로 가득 찬 전갈, 딱정벌레, 염낭거미의 삶이 펼쳐지며, 흡혈박쥐가 배불리 먹은 피를 굶주린 가족이나 동료와 나누는 모습도 소개되지요.

이 책에 소개된 여러 생명체의 이야기를 읽을수록, 생명의 신비로움과 아름다움을 느낄 수 있어요. 마지막에는 인간의 이기적인 행동으로 인해 피해를 입는 동물들의 이야기도 만나게 됩니다. 바다로 돌아간 돌고래 제돌이 이야기나 까치 이야기를 통해, 우리가 자연의 일부임을 깨닫고 다른 생명체와 함께 살아가는 법을 배워야 함을 알 수 있어요.

생명, 알면 사랑하게 되지요 최재천 글, 권순영 그림 | 더큰아이 | 2018

동물학자인 최재천 박사가 논문을 쓰기 위해 열대 우림에 가서 만난 동물들의 이야기를 시작으로, 우리가 잘 모르는 다양한 생명체의 이야기를 따뜻하게 전해 주고 있어요.

라온쌤 뉴스 제26호   키워드 동물 학대, 동물 보호

학대받는 동물과 사랑받는 동물이 따로 있다?

얼마 전, 한 남성이 길고양이를 죽이기 위해 독이 든 먹이를 놓고 이를 중고 거래 앱에 올리면서 문제가 된 사건이 발생했다. 그는 "고양이를 죽이려는 것이니 먹이를 치우지 말라."라는 경고문까지 남겨 많은 사람에게 충격을 주었다. 이 사건은 길고양이를 비롯한 동물의 생명에 대한 무관심과 잔인함을 다시금 일깨웠다.

이러한 사건이 아니더라도, 반려동물을 버리거나 방치하는 일은 여전히 우리 주변에서 흔하게 일어난다. 강아지나 고양이뿐만 아니라 작은 곤충이나 생명체를 함부로 대하는 일도 많다.

반면, 그 존재만으로도 많은 사랑을 받은 동물이 있다. 판다 '푸바오'는 우리나라에서 태어난 최초의 판다로, 많은 국민이 사랑하고 아꼈다. 그러나 푸바오는 성장 후 중국으로 돌아가야 했고, 이를 아쉬워하는 사람들도 많았다. 이 사례는 특정 동물에 대한 인간의 애정과 보살핌을 잘 보여 준다.

이처럼 우리 사회 한쪽에서는 동물을 잔인하게 대하고, 다른 한쪽에서는 깊은 애정을 보이는 모습이 공존한다. 인간은 동물을 생김새나 유익함에 따라 구분할 것이 아니라, 모든 생명에 대해 책임감을 가지고 대해야 한다. 길고양이부터 작은 곤충에 이르기까지, 모든 생명은 존중받을 가치가 있음을 잊지 말아야 한다.

우리도 소중한 생명이라고요!

어휘 톡톡
- **방치** 돌보거나 간섭하지 않고 그대로 둠
- **구분** 일정한 기준에 따라 전체를 몇 개로 갈라 나눔

 《생명, 알면 사랑하게 되지요》는 어떤 책일까?

최재천 박사에 대해 소개하세요.

이 책에 소개된 특이한 동물 중 두 가지만 소개해 보세요.

기사를 읽은 후에 알게 된 것은?

길고양이 사건이 사람들에게 충격을 준 이유는 무엇인가요?

인간이 동물을 해로움과 유익함으로 구분하면 어떤 문제가 일어날까요?

 **책과 기사를 읽은 후 하고 싶은 말**

최재천 박사가 열대 우림에서 만난 다양한 동물의 이야기와 길고양이를 해친 사건을 떠올리며, 모든 생명을 존중해야 하는 이유가 무엇인지 써 보세요.

 **내 안의 생각 끌어내기**

주변 동물을 존중하고 돌보기 위해 여러분이 실천할 수 있는 일을 써 보세요.

 **라온쌤의 책 속으로**

최재천 박사는 동물학자이자 과학자로 많은 이에게 생명의 소중함과 신비로움에 대해 널리 알리고 있어요. 우리 주변에는 크고 작은 생명이 정말 많아요. 그런데 인간은 언제부터인가 인간이 지구상에서 가장 위대한 존재라고 착각하는 것 같아요. 그래서 다른 생명을 함부로 여기며 지구의 주인처럼 군림하지요. 그 결과 많은 동물이 멸종 위기에 처하고 있답니다. 여러분이 이 책을 읽으며 작가의 의도대로 생명의 소중함에 대해 알고 이해하길 바라요. 다른 생명에 대한 존중이 곧 '나'에 대한 존중임을 잊지 않으면서요.

과학·환경 | 하루 한 장 초등 필독서

교과 연계 : 5-2 과학_생물과 환경 난이도 ★★☆☆☆

인간에게 끊임없이 학대당하는 동물들

　동물이 역사적으로 어떻게 인간에 의해 이용당하고 학대당해 왔는지를 알려 주는 책이에요. 동물은 인류와 오랜 시간 함께해 왔지만, 그 역사 속에는 동행뿐만 아니라 학대와 착취의 사례도 적지 않았어요. 동물은 전쟁에서부터 놀이와 사냥의 대상, 실험체, 심지어는 다른 나라와의 경쟁 수단으로도 이용됐어요.

　고대 인도에서는 전쟁에 코끼리를 동원했어요. 로마의 통치자들은 콜로세움에서 동물과 인간 간의 결투를 벌이기도 했지요. 제2차 세계 대전 때는 개의 몸에 폭탄을 둘러 적진으로 보내 폭발시키는 잔혹한 방법도 사용되었지요. 순전히 인간의 이기심 때문에 죽거나 멸종된 동물들도 많았어요. 도도새, 모아, 강치와 같은 동물들은 무분별한 사냥으로 인해 결국 멸종에 이르렀어요.

　1957년에는 소련이 '라이카'라는 개를 인공위성에 태워 우주로 보냈어요. 급하게 개발된 인공위성이었기에 애초에 돌아올 수 없는 운명이었고, 라이카는 발사된 지 얼마 지나지 않아 고통 속에 생을 마감했어요. 이 외에도 동물은 인간의 욕심 때문에 다양한 방식으로 희생되고 있어요. 약이나 화장품을 개발하기 위한 생체 실험, 식용을 위해 강제로 살을 찌우는 행위, 동물원에서의 부실한 관리 등이 그것이에요. 동물은 예전부터 인간의 욕심에 의해 희생되었으며, 지금도 그 희생은 계속되고 있어요.

나도 지구로 돌아가고 싶어요, 멍!

동물권 이정화 글, 이동연 그림 | 서유재 | 2018

동물에게도 동물권이 있고, 그것은 인간의 권리와 동등하게 다루어져야 한다는 관점으로 쓴 책이에요. 세계사 현장 곳곳에서 벌어진 동물권 침해에 관한 이야기가 담겨 있어요.

필독서와 함께 읽는 뉴스

라온쌤 뉴스 제27호 　　　　　　　　키워드 갈비뼈 사자, 청주 동물원

청주시, 국내 1호 거점 동물원이 되다

우리도 편안하고 행복하게 살고 싶어요!

　청주시가 2024년 11월 청주 동물원에 '야생동물 보전 센터'를 만든다. 이 센터는 야생동물의 건강 검진과 외과 수술 등을 진행하는 곳으로, 동물원에 오는 관람객들이 <mark>검진</mark> 과정을 직접 볼 수도 있다. 청주시의 한 관계자는 "관람객들에게 새로운 볼거리를 제공할 뿐만 아니라 생명을 존중하는 마음을 일깨워 줄 수 있을 것"이라며 큰 기대감을 나타냈다.

　청주 동물원은 동물 보호로도 유명하다. 2023년에는 7년 동안 좁은 우리에 갇혀 살던 사자 '바람이'를 김해의 부경 동물원에서 구조해 왔다. '바람이'는 너무 마른 상태라 '갈비뼈 사자'라는 별명이 붙었다. 구조 당시 숨을 쉬는 것조차 힘들 정도로 상태가 좋지 않았지만, 이제는 청주 동물원의 더 넓은 공간에서 안전하게 보호받으며 건강을 회복하고 있다.

　이처럼 동물 보호에 앞장서고 있는 청주 동물원은 환경부로부터 '<mark>서식지</mark> 외 보전 기관'과 '천연기념물 치료소'로 지정됐다. 이는 멸종 위기에 처한 동물들을 보호하고 치료하는 역할을 맡은 곳이라는 뜻이다. 2024년 5월에는 우리나라 최초로 '<mark>거점</mark> 동물원'으로 지정되었다. 이로 인해 청주 동물원은 동물의 안전 관리와 질병 검역, 야생동물 구조와 같은 중요한 역할을 담당하게 되었다. 청주 동물원은 앞으로도 동물들의 건강과 생명을 지키기 위해 꾸준히 노력할 계획이라고 밝혔다.

🔍 어휘 톡톡

- **검진** 건강이나 질병의 유무를 알기 위해 살펴보는 것
- **서식지** 생물 따위가 일정한 곳에 자리를 잡고 사는 곳
- **거점** 어떤 활동의 근거가 되는 중요한 지점

 《동물권》은 어떤 책일까?

역사적으로 동물을 학대하고 착취한 사례를 써 보세요.

소련의 인공위성에 탄 라이카가 다시 돌아오지 못한 이유는 무엇인가요?

기사를 읽은 후에 알게 된 것은?

청주 동물의 '야생동물 보전 센터'에서 하는 일은 무엇인가요?

거점 동물원으로 지정된 청주 동물원이 맡게 된 역할은 무엇인가요?

 **책과 기사를 읽은 후 하고 싶은 말**

사람을 위한 약이나 제품을 개발하기 위해 동물에게 먼저 실험해 보는 동물 실험에 대한 여러분의 생각을 써 보세요.

 **내 안의 생각 끌어내기**

동물원의 장점과 단점을 조사한 후, 동물원이 과연 존재해야 하는지에 대한 자신의 의견과 그에 대한 이유를 써 보세요.

　　동물권에 대한 책은 정말 많아요. 그런데 이 책은 특히 동물이 어떤 영역에서 인간에 의해 희생당했는지 조목조목 잘 보여주는 점이 특징이에요. 전쟁부터 오락, 반려동물, 사고파는 동물, 실험실 동물, 식용·사육 동물, 동물원 동물 등 정말 다양한 곳에서 제각각 목적으로 동물을 이용해 온 사례가 담겨 있어요. 동물을 무척 사랑하는 친구들은 이 책이 읽기 힘들 수도 있어요. 인간이 얼마나 잔인한지 알고, 동물들이 겪은 고통이 상상되면서 괴롭기 때문이지요. 하지만 그럴수록 함께 읽고 이야기를 나누어야 해요. 그리고 우리가 동물을 위해 할 수 있는 일을 생각해 보세요. 동물이 행복해야 사람도 행복하답니다.

과학·환경 | 하루 한 장 초등 필독서

교과 연계 : 6-2 과학_전기의 이용

난이도 ★★★★☆

무심코 버린 전자 제품이 쓰레기가 될 때

우리는 일상에서 많은 전자 제품을 사용해요. 집에서 사용하는 전기밥솥, 에어컨, 텔레비전부터 시작해서 거리의 CCTV, 가게의 스피커 등 셀 수 없이 많지요. 이러한 전자 제품은 모두 수명이 있고, 언젠가는 버려져요. 하지만 전자 제품 속에는 중금속 등 유독 물질이 있어 함부로 버려서는 안 됩니다. 예를 들어, 스마트폰 안에는 무려 700개 이상의 부품이 있고 구리나 수은, 납 등을 포함하고 있어서 함부로 버리면 환경과 인체에 나쁜 영향을 줄 수 있어요. 그러나 현실에서 전자 제품의 재활용 비율은 20%에도 미치지 않아요. 나머지는 일반 쓰레기로 태워지거나 땅에 묻히고 혹은 다른 나라로 수출돼요.

전자 쓰레기는 처리하는 과정이 까다로워서 가난한 나라로 가서 처리되기도 해요. 그들은 전자 쓰레기에서 필요한 자원을 뽑아내고 일자리도 만들려 하지만, 이 과정에서 아동 노동 문제 등 또 다른 사회적 문제가 발생해요. 그뿐만 아니라 전자 제품을 생산하는 데 필요한 자원의 채굴 과정에서 국가 간 분쟁이 일어나기도 하지요.

우리는 전자 제품 사용의 편리함에만 집중할 것이 아니라 그 폐기와 재활용 문제, 자원 고갈에 대해서도 고민해야 해요. 환경과 인류의 미래를 위해 전자 제품의 적절한 관리와 재활용을 더욱 적극적으로 실천해야 할 때입니다.

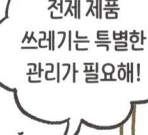

전제 제품 쓰레기는 특별한 관리가 필요해!

디지털 미래의 어두운 그림자, 전자 쓰레기 이야기
김지현 글, 박선하 그림 | 팜파스 | 2022

다양한 디지털 기기를 사용하는 요즘, 전자 쓰레기 문제의 심각성과 전자 쓰레기를 어떻게 처리해야 하는지에 대해 자세히 알려 줘요.

라온쌤 뉴스 제28호   키워드 전자 쓰레기, 자원 순환

수리가 어려운 전자 제품이 쌓이고 있다

'서울 환경 연합'에서 전자 제품 고치기에 실패한 경험을 조사한 결과, 약 65%의 사람들이 5년도 쓰지 못한 제품을 고치지 못했다고 답했다. 고장이 나면 수리하기 어려운 전자 제품들은 결국 어떻게 될까? 한 조사에 따르면 2019년 한 해 동안 전 세계에서 쌓인 전자 쓰레기 양은 무려 5,400만 톤이었다.

전자 쓰레기를 줄이기 위해, 다른 나라들은 법으로 대책을 마련하고 있다. 2018년에 미국은 소비자들이 수리 방법을 자유롭게 선택할 수 있어야 하고, 회사 역시 수리를 위한 접근성을 높여야 한다고 했다.

유럽 연합은 2020년 3월에 소비자의 수리 권리를 보장하는 법안을 통과시켰다. 이 법에 따르면, 전자 제품의 부품은 여러 회사에서 구매할 수 있어야 하며, 전자 제품을 만든 회사는 수리용 부품을 10년 동안 보유해야 한다.

우리나라도 2022년에 '순환 경제 사회 전환 촉진법'을 국회에서 통과시켰다. 이 법에 따르면, 제품을 만드는 사람이나 수입하는 사람은 소비자가 제품을 오래 사용할 수 있도록 수리를 지원해야 한다. 이 법은 2025년부터 시행될 예정이다.

어휘 톡톡

- **보유** 가지고 있거나 간직하고 있음
- **순환** 주기적으로 자꾸 되풀이하여 돎. 또는 그런 과정
- **촉진** 다그쳐 빨리 나아가게 함

 《디지털 미래의 어두운 그림자, 전자 쓰레기 이야기》는 어떤 책일까?

전자 쓰레기가 다른 쓰레기보다 위험한 까닭은 무엇인가요?

가난한 나라가 전자 쓰레기를 수입하는 이유는 무엇인가요?

기사를 읽은 후에 알게 된 것은?

유럽 연합이 결정한 소비자의 수리 권리를 보장하는 법안의 내용은 무엇인가요?

우리나라 '순환 경제 사회 전환 촉진법'에 대한 내용은 무엇인가요?

 **책과 기사를 읽은 후 하고 싶은 말**

수리하기 어려운 전자 제품들은 결국 버려져서 전자 쓰레기가 돼요.
전자 제품을 수리할 권리가 보장된다면, 환경과 소비자에게 어떤 도움이 될까요?

 **내 안의 생각 끌어내기**

전자 쓰레기를 줄이는 것이 왜 중요할까요? 그리고 일상에서 전자 쓰레기를 줄일 수 있는 실천 계획 한 가지를 구체적으로 써 보세요.

 **라온쌤의 책 속으로**

　선생님은 전자 기기가 고장 날 때까지 사용하는 편이에요. 스마트폰도 최대한 오래 쓰고, 새로운 스마트폰을 살 때는 나온 지 오래된 제품만 사용해요. 그래도 일반적인 기능을 사용하는 데는 아무 문제가 없답니다. 그러나 가끔은 새로운 전자 제품이 탐나 쓰던 기기가 고장 나지 않아도 살 때가 있어요. 서랍 여기저기에 크고 작은 전자 쓰레기도 가지고 있지요. 그래서인지 이 책은 선생님의 생활도 되돌아보게 했어요.

　여러분 집에는 어떤 전자 제품이 있고, 그중에서 안 쓰는 것은 무엇이 있나요? 우리 집에 있는 전자 제품을 떠올리며, 우리가 지금 실천해야 할 일들이 무엇인지 생각해 보세요.

과학·환경 하루 한 장 초등 필독서

교과 연계 : 6-1 과학_식물의 구조와 기능   난이도 ★★★☆☆

놀랍고도 아름다운 식물의 세계

이 식물의 특징은….

곤충학자로 유명한 파브르가 들려주는 식물 이야기를 들어 볼까요?

파브르는 사실 식물에 대해서도 깊이 연구했어요. 특히 동물과 식물의 상호 작용에 관심을 가지며, 식물의 눈·뿌리·줄기·가지·잎·꽃·열매 등 세세한 부분과 관련된 이야기를 흥미롭게 들려줘요. 이 책을 통해 색다른 식물의 특성에 대해서도 알 수 있는데, 히드라는 몸이 잘리더라도 떨어져 나간 부분이 또 하나의 '내'가 된다고 해요. 폴립은 게·새우·물고기 등을 먹으면서 먹이가 없으면 굶어 죽기도 하고, 다른 개체가 먹이를 나눠 주기도 한다니 정말 놀라워요.

나무에는 열심히 일하는 친구와 일하지 않는 친구가 있어요. 물을 곳곳으로 보내는 '물관부', 흡수한 영양분을 옮기는 '체관부', 이 두 친구를 쉴 새 없이 만들어 내는 '형성층' 이렇게 세 친구가 나무에서 가장 열심히 일해요. 하지만 이 세 부분을 제외한 나머지는 크게 일하지 않는 게으름뱅이라고 해요. 우리가 먹는 밥과 관련된 흥미로운 이야기도 있어요. 벼가 기다란 줄기 끝에 무거운 이삭을 매달고 있는 이유는 벼가 다 익었을 때 이삭이 흙에 닿지 않도록 줄기가 길게 자란 것이라고 해요.

이 책은 단순히 식물을 관찰하고 연구한 결과를 나열하는 데 그치지 않아요. 파브르는 예리한 통찰력으로 식물들의 삶의 지혜를 들여다 볼 수 있게 해준답니다.

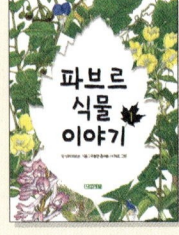

파브르 식물 이야기 1 장 앙리 파브르 글, 이제호 그림, 추둘란 역 | 사계절 | 2010

식물의 눈, 뿌리, 가지, 열매 등 전반적 일상을 삽화와 함께 자세히 설명해요. 식물의 일생을 쉽고 재미있게 풀어 설명하면서 동시에 삶의 지혜를 함께 알려 줘요.

라온쌤 뉴스 제 29호　　　　　　　　　　　　　　　　　　　　**키워드** 모란, 자외선

모란 잎이 자외선을 차단한다고?

모란 잎에는 자외선 차단 물질이 있어요!

최근 과학자들이 화려한 꽃과 아름다운 향기로 유명한 모란이라는 꽃에서 놀라운 사실을 발견했다. 과학자들에 따르면, 모란의 잎에서 나오는 특정 화학 물질이 태양의 자외선으로부터 스스로 보호하는 역할을 한다고 한다. 이 화학 물질은 식물이 햇빛으로부터 받는 스트레스를 줄여 주고, 건강하게 자랄 수 있도록 도와준다.

이 발견은 단순히 식물의 특성을 이해하는 데 그치지 않았다. 모란처럼 자연은 우리에게 필요한 것들을 제공하고, 우리가 배워야 할 점을 알려 준다. 예를 들어, 사람들도 햇볕에 나갈 때는 자외선 차단제를 바르거나 모자를 써서 피부를 보호해야 한다. 이처럼 식물의 방식에서 영감을 얻어 우리도 건강을 더 잘 지킬 방법을 배우는 것이다.

과학자들은 앞으로 모란뿐만 아니라 다른 식물들도 자외선을 어떻게 막는지 더 연구할 계획이다. 식물의 특성을 연구하다 보면, 우리는 자연이 가진 지혜를 더 많이 배울 수 있고, 이를 인간의 삶을 개선하는 데 활용할 수 있다. 이런 연구들은 자연을 보호해야 할 필요성을 강조하며, 자연과 조화롭게 살아가는 것의 중요함을 함께 전한다.

🔍 어휘 톡톡

- **자외선** 태양에서 나오는 빛의 한 종류로, 우리 피부에 여러 가지 영향을 미칠 수 있음
- **영감** 창조적인 일의 계기가 되는 기발한 생각이나 자극

《파브르 식물 이야기 1》은 어떤 책일까?

파브르는 어떤 사람인지 소개해 보세요.

벼가 기다란 줄기 끝에 무거운 이삭을 매달고 있는 이유는 무엇인가요?

기사를 읽은 후에 알게 된 것은?

과학자들이 식물 모란에서 발견한 특성은 무엇인가요?

식물의 특성을 연구함으로써 우리가 얻을 수 있는 것은 무엇인가요?

 **책과 기사를 읽은 후 하고 싶은 말**

만약 식물의 특성을 활용해 새로운 발명품을 만든다면, 어떤 것을 만들고 싶나요?
그 발명품이 사람들에게 어떤 도움이 될지 구체적으로 써 보세요.

 **내 안의 생각 끌어내기**

파브르가 식물의 세세한 부분을 관찰하며 연구했던 것처럼,
주변의 식물이나 동물을 관찰해 보고 흥미로운 점을 찾아 써 보세요.

    장 앙리 파브르는 《곤충기》라는 책으로 유명한 곤충학자예요. 어릴 때 할아버지 집에 살면서 곤충과 식물에 관심이 생긴 그는 늘 동식물을 관찰하고 연구하는 삶을 살았어요. 《곤충기》만큼 잘 알려지진 않았으나 식물을 연구해 쓴 기록이 바로 이 책이에요. 단순히 동식물의 삶을 정리한 것이 아니라 사람의 인생과 연결해 파브르만의 생각과 지혜를 담았기 때문에 그를 '자연주의자'라고 불러요. 수수꽃다리 눈도 저마다 성장력이 다르니, 사람도 저마다 축복의 크기가 있다고 말한 것처럼 파브르는 식물을 관찰하며 사람의 모습을 떠올렸답니다.

과학·환경 하루 한 장 초등 필독서

교과 연계 : 6-2 과학_에너지의 효율적 이용

난이도 ★★★★★

위험한 지구를 지키는 새로운 시대, 인류세

인간이 지구를 독차지하면서 자연 곳곳에는 사람의 흔적이 가득하고, 건물이나 공장 등 전에 없던 것들이 마구 생겨났어요. 게다가 화석 연료를 쓰면서 지구는 점점 뜨거워지고 동식물들은 멸종하고 있지요. 그래서 '국제 층서 위원회(ICS)' 학자들은 우리가 사는 이 시대를 지질 시대의 구분 중 하나인 '인류세'라고 불러야 한다고 주장합니다.

최근 몇 년 사이 지구의 환경은 더 큰 위협 앞에 놓였어요. 여러 나라에서는 그동안 볼 수 없던 기상 현상들이 나타나고, 겨울에도 강물이 얼지 않으며, 눈이 내리지 않는 날도 늘고 있어요. 또 북극 빙하가 녹고 있다는 사실은 이제 누구나 알고 있지요.

과학자들은 2050년까지 대응하지 못하면, 우리 지구는 멸종할 수 있다고 말해요. 화석 연료도 고갈되어 가고, 다른 자원도 얼마 남지 않았어요. 생물들을 위협하는 방사능이나 미세먼지가 늘어나 전염병과 감염병도 늘고 있습니다.

만약 핵전쟁이라도 일어난다면 지구는 정말로 멸망할 거예요. 이제 우리는 인간이 다른 생명 없이 살 수 있다는 오만을 버리고 경각심을 가져야 해요. 돈과 재물이 아무리 많아도 행복이 계속 비례하지 않는다는 사실은 이미 밝혀졌어요. 이제 지구를 생각해야 해요. 그리고 건강한 생태계를 미래에 물려 주어야 합니다.

선생님, 인류세가 뭐예요? 박병상 글, 홍윤표 그림 | 철수와영희 | 2022

기후 위기, 대멸종, 플라스틱 등 인류세와 관련된 주제를 다루었어요. 28개의 질문과 답을 통해 인류세의 징후와 문제점을 알아보고, 여섯 번째 대멸종을 막기 위해 우리가 해야 할 일을 살펴 봐요. 환경 문제와 지구의 미래에 대해 돌아보게 해 줘요.

라온쌤 뉴스 제30호 　　　　　　　　키워드 인류세, 지질 시대

도입하지 않기로 결정된 인류세

'국제 지질학 연합(IUGS)' 등 지구의 지질 시대를 연구하는 세계 지질 학계가 우리가 사는 지금 이 세상을 지질학적으로 '인류세'라고 불러야 한다는 제안을 공식적으로 거부했다. '국제 층서 위원회'는 1950년부터 공해와 도시화, 지구 온난화 등 인류의 영향으로 지구의 환경이 많이 바뀌었고, 지질학적으로 새로운 시대인 인류세를 도입해야 한다고 주장해왔다.

하지만 결국 인류세를 도입하지 않기로 한 까닭은, 46억 년이나 되는 지구의 역사 속에서 인류세라는 새로운 시대가 시작되었다는 명확한 증거가 없다는 것이다. 이 결정으로 지구는 1만 1700년 전에 시작된 '완신세'에 계속 머무르게 되었다. 완신세는 '홍적세'의 대빙하가 녹은 뒤 시작된 후빙하기를 뜻한다.

이제 인류세는 지구의 지질 시대를 구분하는 공식 명칭으로 사용되지는 않지만, 지구과학자나 환경과학자, 대중 등은 일반적으로 사

'인류세'라는 용어는 꾸준히 쓰일 거예요.

용하게 될 것으로 보인다. '인류세'라는 명칭은 분명 인류가 지구에 미친 영향을 나타내는 표현으로는 귀중하다. '인류세'를 도입하지 않기로 한 결정을 두고 캐나다의 한 지질학자는 지구가 20세기 중반에 바뀌었다는 사실을 명확히 인정하고 알 기회를 놓쳤다며 아쉬워했다.

🔍 어휘 톡톡

- **도입** 기술, 방법, 물자 따위를 끌어들임
- **까닭** 일이 생기게 된 원인이나 조건
- **명칭** 사람이나 사물 따위의 이름

《선생님, 인류세가 뭐예요?》는 어떤 책일까?

최근 몇 년 사이 지구의 환경에 어떤 위협이 생겨났는지 써 보세요.

지구 환경이 크게 변하고 있어요. 사람의 활동 때문에 건물과 공장이 많이 생겨나고, 화석 연료 사용으로 지구가 점점 뜨거워지고 있는 이런 시대를 특별히 뭐라고 부를까요?

기사를 읽은 후에 알게 된 것은?

인류세를 도입하지 않기로 한 이유는 무엇인가요?

인류세를 도입하지 않기로 한 것에 대해 캐나다의 한 지질학자가 아쉬워 한 이유는 무엇인가요?

 책과 기사를 읽은 후 하고 싶은 말

여러분은 '인류세' 도입에 찬성하나요, 혹은 반대하나요? 그 이유를 함께 써 보세요.

 내 안의 생각 끌어내기

지구 환경이 큰 위협에 놓여 있다고 해요. 지구를 지키기 위해 우리가 일상에서 할 수 있는 작은 실천이 무엇인지 생각해 보고, 그 방법을 하나 이상 써 보세요.

 라온쌤의 책 속으로

2024년 3월에 '국제 지질학 연합'이 지구 역사에 인류세 단계를 도입하지 않기로 결정했다는 기사가 나왔어요. 그러자 과학자를 비롯한 몇몇 사람들은 부정적 의견을 내며, 우리 지구가 변화했다는 사실을 인정하고 알아야 함을 주장했어요. 선생님과 같이 수업하는 친구들 대부분이 아쉽다고 말했어요. 지구의 역사에서 큰 변화를 겪고 있는 우리가 사는 시대를 잘 인지하는 것이 바로 인류세 단계를 도입하는 것이라면서요. 이 책을 통해 인류가 저지른 일과 그로 인해 생긴 지구의 위기를 알아보면, 자연스럽게 경각심을 갖게 되어 우리가 지구를 위해 당장 실천해야 할 일이 무엇인지 알게 될 거예요.

과학·환경 하루 한 장 초등 필독서

교과 연계 : 5-2 과학_생물과 환경   난이도 ★★★☆☆

서로 이어져 있는 지구에 사는 모든 생명

라면을 많이 먹을수록 숲이 사라진다니!

라면과 숲은 어떤 관계일까요? 고개를 갸웃하게 하는 이 책의 제목은 사실 환경 문제를 말하고 있어요. 하나씩 떼어 놓고 보면 관련이 없는 것 같아도 이 세상의 모든 것은 연결되어 있으며, 환경 문제는 지금 당장 우리 모두의 문제이지요.

겨울부터 봄, 여름, 가을 순서로 우리 주변에서 일어나는 환경 파괴의 모습을 생생하게 살펴 볼까요? 내용이 매우 자세해서 읽기 힘들 수도 있지만, 책을 읽고 나면 주변을 둘러볼 때 그동안 몰라서 보이지 않았던 다양한 환경 문제들이 눈에 들어오기 시작할 거예요.

따뜻한 패딩을 만들기 위해 태어난 지 10주 정도 되는 어린 거위와 오리의 털을 강제로 뽑는 모습, 겨울철에 도로의 눈을 녹이기 위해서 뿌린 염화칼슘이 나무나 풀이 필요한 물까지 흡수해 목이 타는 식물들, 라면을 비롯해 치약, 비누 등에 들어가는 팜유를 생산하기 위해 숲을 태워 기름야자 농장을 만드는 일, 전자파나 기상 이변, 살충제 등으로 벌이 사라져 발생하는 생태계 위협, 전기 생산 및 온실가스 등으로 인해 생기는 기후 변화로 멸종 위기에 처한 북극곰 등 지구 곳곳에서 지금도 일어나고 있는 환경 문제를 생생하게 보여 줘요. 인간이 매일 하는 행동, 의식하지 못하는 사이에 하는 일들, 더 편하게 살고자 하는 행동들이 생물과 환경에 어떤 치명적인 영향을 주는지 한번 살펴 보세요.

라면을 먹으면 숲이 사라져 최원형 글, 이시누 그림 | 책읽는곰 | 2020

살아 있는 채로 털이 뽑히는 거위, 도로가 생겨 알을 낳을 수 없는 개구리와 두꺼비 등 인간에 의해 희생당하는 동물들의 이야기가 재치 있는 그림과 함께 표현되어 있어요.

라온쌤 뉴스 제31호   키워드 팜유 프리, 프리 프롬

팜유 프리 제품이 뜨고 있다

팜유는 우리가 자주 사용하는 식용유의 한 종류로 라면, 빵, 비누, 세정제 등 다양한 제품에 사용된다. 기업들이 제품 생산에 많이 사용하고, 그 제품을 소비자가 구매해 쓰기 때문에 결국 소비자도 팜유를 사용하는 셈이다.

팜유를 생산하려면 야생동물이 사는 숲을 불태워야 하며, 이 과정에서 온실가스가 많이 배출된다. 팜유는 주로 인도네시아와 말레이시아에서 생산되는데, 이 지역의 팜유 농장 대부분은 숲을 없애고 만든 곳이다. 그로 인해 그곳에 살던 식물과 동물들이 멸종 위기에 처하는 경우가 많다. 하지만 단순히 팜유를 다른 기름으로 대체하기도 어렵다. 같은 양의 기름을 생산하려면 더 넓은 땅이 필요하기 때문이다.

최근에는 '프리 프롬(free from)'이라는 개념이 떠오르고 있다. 이는 식품에서 특정 성분을 빼는 것을 말하는데, 그중 하나가 바로 '팜유 프리(palm-free)'이다. 현재 '지속 가능한 팜유 협의회(RSPO)'에서는 기업이 일정 기준을 잘 지키면 '지속 가능한 팜유(CSPO)' 인증을 해 준다. 유럽이 먼저 이러한 움직임을 시작했고, 우리나라 기업들의 참여도 점차 늘고 있다. 또한, 어린이 간식이나 비건(완전 채식) 제품 중에 팜유를 사용하지 않은 제품들이 소비자들에게 긍정적인 반응을 얻고 있다. 이처럼 우리는 환경을 보호하기 위해 조금씩 더 나은 선택을 할 수 있다.

소중한 숲을 지켜 주세요!

어휘 톡톡

- **온실가스** 지구 대기를 오염시켜 온실 효과를 일으키는 가스를 통틀어 이르는 말
- **인증** 어떠한 문서나 행위가 정당한 절차로 이루어졌다는 것을 공적 기관이 증명함

《라면을 먹으면 숲이 사라져》는 어떤 책일까?

우리가 겨울에 자주 입는 패딩의 털은 어떻게 만들어지나요?

겨울철에 도로의 눈을 녹이기 위해 뿌리는 염화칼슘이 식물에게 어떤 영향을 주나요?

기사를 읽은 후에 알게 된 것은?

팜유를 생산하기 위해 일어나는 문제들은 무엇인가요?

'팜유 프리' 제품이란 무엇인가요?

 **책과 기사를 읽은 후 하고 싶은 말**

'프리 프롬(free from)' 개념처럼, 다양한 제품에서 특정 성분을 빼는 것이 왜 중요할까요?
또 그것이 우리 사회와 환경에 어떤 영향을 미칠까요?

 **내 안의 생각 끌어내기**

팜유가 들어간 제품을 줄이는 것은 동물과 환경을 보호하는 데 도움이 돼요.
여러분 주변에 팜유가 들어간 제품을 찾아보고, 이를 대신할 방법을 생각해서 써 보세요.

 **라온쌤의 책 속으로**

　현재 지구가 위기에 놓여 있다는 사실은 누구나 알 거예요. 썩지 않는 플라스틱부터 전자 쓰레기 문제, 지구 온난화 문제 등 환경 문제를 말하는 기사가 매일 나오고 있으니까요. 그런데 우리 주변을 돌아보면 여전히 뚜렷한 해결 방법이 보이지는 않아요.
　이 책은 우리가 처한 환경 문제를 구석구석 살펴보게 도와준다는 점에서 큰 의미가 있어요. 우리가 겨울이면 사 입는 패딩도 인간의 욕심 때문에 희생당하는 동물이 있다는 것을 여실히 보여 주니까요. 이 책을 통해 우리 생활 속 작은 선택이 세상에 미칠 영향을 생각해 보길 바라요.

우리도 기후 난민이 될지 몰라요!

이상 기후로 인해 사과 재배 지역이 점점 북쪽으로 이동하고 있어요. 그 이유는 바로 '지구 온난화'입니다. 공장이나 화력 발전소 등에서 석유나 석탄 같은 화석 연료를 태울 때 온실가스가 많이 발생해서 이런 일이 생겼어요. 사람들이 점점 더 화석 연료를 많이 쓰고 있으니 온난화 현상이 생기는 것도 당연해요. 문제는 기후 문제가 전 지구적인 문제라는 거예요.

이런 기후 변화 때문에 예기치 못한 태풍이나 홍수, 가뭄 등으로 인한 피해도 더 심해지고 있어요. 심지어 언젠가 물에 잠길 거로 예상되는 나라도 있으며, 이런 위협을 피해 다른 곳으로 떠나는 기후 난민이 점점 늘고 있습니다. 자신의 나라에서 도저히 살 수 없어 다른 나라로 이주하려는 것이에요. 하지만 아직 이들을 보호할 법적 근거가 부족해요.

프랑스 파리에 많은 나라와 전문가가 모여 지구 평균온도가 2℃를 넘지 않게 하겠다고 다짐하고, 실제로 여러 나라가 노력하고 있지만, 미래는 어두워 보입니다. 지구가 일정 온도 이상 올라가 버리면 더는 생명체가 살기 힘든 상태가 된다는데, 그러면 우리가 지금 해야 하는 일은 무엇일까요?

이 책은 이상 기후가 나타나는 원인부터 현재의 문제점을 잘 설명해 주며, 나아가 더 어두운 미래를 맞이하기 전에 우리 모두 기후 변화를 줄이기 위해 노력하자고 권하고 있어요.

기후 위기 시대, 어린이를 위한 기후 난민 이야기
박선희 글, 박선하 그림 | 팜파스 | 2022

지구 온난화와 이상 기후로 인해 발생하는 '기후 난민' 문제를 동화로 생생하게 전달하며, 어린이에게 기후 위기가 전 세계적인 사회 문제임을 일깨워 줘요.

라온쌤 뉴스 제32호   키워드 기후 위기, 기후 난민

기후 위기 문제, 전 지구가 나서야 할 때

이상 기후로 인해 삶의 터전을 잃고 있어요.

지구의 기후 변화가 이제 돌이킬 수 없는 상황이라는 전망이 나오고 있다. 2015년 체결된 '파리 기후 변화 협약'에서는 지구의 평균온도 상승을 섭씨 2℃ 아래로 내리는 것을 목표로 삼았다. 2100년까지 지구 평균온도 2℃가 오르면 동식물의 18%가 멸종하고, 전 세계 많은 사람이 물 부족으로 고통받을 것이기 때문이다. 그런데 이런 기후 변화에 대해 전문가들은 2℃가 올라가는 것은 이미 피할 수 없는 일이라고 전망한다.

이런 상황에서 발생하는 또 하나의 문제는 바로 기후 난민이다. 가뭄, 홍수, 태풍 등 기후 문제로 인해 자신의 나라에서 살 수 없어 어쩔 수 없이 나라를 버리고 떠나는 이들을 기후 난민이라고 한다. 기후 문제가 계속된다면, 누군가는 기후 난민이 되거나 또 누군가는 그 난민을 받아들여야 하는 상황이 될 것이다.

'유엔 국제 이주 기구'에서는 앞으로 30년 동안 환경 이주민이 약 15억 명에 달할 것으로 보고 있다.

앞으로는 기후 위기 문제를 국가들이 서로 협력해 지금보다 더 많은 고민과 방안을 내놓아야 할 것이다. 모두가 지구의 한 시민이라는 생각을 가져야 난민 수용에도 마음이 열릴 것이며, 결국 그래야만 모두 살아남을 수 있기 때문이다.

어휘 톡톡

- **전망** 앞날을 헤아려 내다봄
- **난민** 전쟁이나 재난 따위를 당하여 곤경에 빠진 사람
- **수용** 어떠한 것을 받아들임

 《기후 위기 시대, 어린이를 위한 기후 난민 이야기》는 어떤 책일까?

사과 재배 지역이 북쪽으로 이동하고 있는 이유는 무엇인가요?

기후 변화로 인해 예기치 못한 태풍이나 홍수, 가뭄 등이 심해져 어떤 일이 일어나고 있나요?

기사를 읽은 후에 알게 된 것은?

'파리 기후 변화 협약'에서 2100년까지 지구 온도 상승을 2℃ 이내로 막겠다고 한 이유는 무엇인가요?

'기후 난민'이란 무엇인가요?

 책과 기사를 읽은 후 하고 싶은 말

책에서는 기후 난민을 보호할 법적 근거가 부족하다고 해요.
우리나라가 기후 난민을 받아들이는 것에 대한 여러분의 생각을 써 보세요.

 내 안의 생각 끌어내기

여러분이 살던 곳을 기후 변화 때문에 떠나야 한다면 어떤 감정이 들 것 같나요?
기후 난민의 입장이 되어 써 보세요.

 라온쌤의 책 속으로

투발루가 물에 잠기고 있다는 사실부터 유럽 난민 이야기, 매년 이상 기후로 인해 나타나는 현상을 다룬 기사까지, 이 시대를 사는 사람이라면 누구도 기후 문제에서 자유로울 수 없어요. 특히 기후 난민 문제를 언론에서 접할 때마다 안타깝기도 해요. 호주 정부가 매년 투발루 난민을 받아들인다는 반가운 소식도 있지만, 아직은 기후 난민들이 갈 곳을 찾기는 쉽지 않아 보여요.

이 책을 읽다 보면 기후 변화의 원인부터 우리가 현재 처한 상황, 지금도 진행되는 지구 온난화에 대해 경각심을 갖게 되면서 기후 문제를 조금 더 적극적으로 생각해 보게 돼요.

5장
역사
Book & News

역사책은 왜 읽어야 할까요?

과거로부터 지혜를 배우는 길

여러분은 태어나서 지금까지 어떤 일들을 경험하며 자라왔나요? 태어난 순간부터 지금까지의 시간이 바로 여러분의 역사랍니다. 가족이 처음 모였던 순간부터 지금까지의 시간은 가족의 역사이지요. 그렇다면 지역의 역사, 나라의 역사도 있을 거예요. 더 넓게 보면 세계의 역사와 지구의 역사까지 포함돼요.

역사는 한마디로 지금까지 인간이 살아온 발자취를 뜻해요. 그래서 내용이 방대하고 밀도가 높지요. 지금은 잘 쓰이지 않는 옛말들도 많이 나와서 역사책을 읽기가 쉽지 않을 수 있어요. 하지만 역사를 읽어야 하는 이유는 분명합니다. 지금까지 살아온 길을 돌아보면 앞으로 어떻게 살아가야 할지 배울 수 있기 때문이에요.

혹시 과거의 일에서 교훈을 얻어 현재의 행동을 바꾸고 미래를 계획한 경험이 있나요? 예를 들어, 몇 달 전 동생과 심하게 다투었을 때 서먹한 관계가 쉽게 회복되지 않았던 경험 때문에 이제는 되도록 다투지 않기로 결심한 일도 해당해요. 이렇게 단순해 보이는 일부터 조금 더 복잡한 문제들까지, 우리는 모두 과거에서 지혜를 얻어 현재를 살고 미래를 준비할 수 있답니다.

그뿐만 아니라, 지금 우리가 사는 모습을 이해하는 데도 큰 도움이 돼요. 예를 들어 우리나라는 왜 분단국가로 살아가고 있는지, 나라가 가난한 이유는 무엇인지, 각 국가마다 얽혀 있는 문제들은 무엇인지 등 여러 질문에 대한 답을 역사책을 통해 알 수 있어요. 역사를 읽다 보면, 마치 퍼즐 조각들이 맞춰지듯 세상을 더 잘 이해하게 된답니다.

역사책에는 사람과 국가가 계속 등장해서 어떤 사건이나 현상 속에서 판단하고 행동하는 인물들을 볼 수 있어요. 예를 들어, 이순신 장군이 임진왜란 중 전투에서 내린 결정들, 조상들이 위기의 순간에 했던 선택들, 나라의 왕이 다른 나라와의 관계에서 취했던 자세 등을 살펴볼 수 있어요. 이런 결정을 따라가다 보면 우리도 문제 해결 능력을 키울 수 있답니다. 그들의 선택은 어떤 형태로든 당시와 미래에 영향을 미쳤을 텐데 그 결과까지 연결 지어 생각한다면 인물의 결정에 대해 비판적으로 사고해 볼 수도 있어요.

또한, 우리 조상들이 살아온 과거는 우리 문화와 정체성에 대한 이해를 높여 줍니다. 과거의 전통과 가치관을 배우며, 그것이 어떻게 오늘날의 사회를 형성했는지 알게 되고, 이를 통해 개인의 정체성도 찾을 수 있어요.

역사책의 종류는 매우 다양합니다. 역사 흐름을 쭉 서술한 통사, 역사적 사실을 바탕으로 가공 인물을 등장시킨 역사 동화, 또는 역사 인물이 직접 쓴 일기 등이 있어요. 이번 장에서는 역사를 잘 몰라도 읽기에 어렵지 않은 역사 동화와 인물 이야기를 위주로 선정했어요. 이런 책들을 하나씩 읽다 보면 역사에 대한 이해가 깊어지고, 세상을 보는 여러분만의 관점이 생길 거예요.

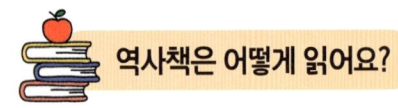 **역사책은 어떻게 읽어요?**

　역사책은 과거의 사실을 시간 순서대로 정리하고, 각 사건의 원인과 결과를 분석하는 동시에 당시 사회의 모습과 사람들의 삶을 담고 있어요. 또한 역사적 인물들의 선택과 그로 인한 영향, 시대적 배경과 특징을 알려 주어 현재를 이해하는 데 도움을 주지요. 역사책은 과거의 이야기를 다루기에 흥미롭지만, 동시에 낯선 용어나 복잡한 사건들이 등장해 어렵게 느껴질 수도 있어요. 그래서 역사책을 더 잘 이해하고 즐기기 위한 몇 가지 방법을 추천해요.

1. 용어 익히기
역사는 과거의 이야기이다 보니 어려운 용어가 자주 등장해요. 모르는 용어가 계속 나오면 글을 이해하기 어렵지요. 그래서 역사책을 읽기 전에 용어 공부를 하는 것이 중요합니다. 시중에 나와 있는 역사 용어 책을 활용해도 좋고, 선생님이 쓴 《한국사 용어 일력 365》 같은 책을 참고해도 도움이 될 거예요. 또는 읽고자 하는 역사책에서 모르는 용어를 하루 1~2개씩 노트에 정리하며 익히는 방법도 추천해요.

2. 역사적 사실 이해하기
역사책을 읽을 때는 책이 다루는 역사적 사실을 먼저 이해하는 것이 중요해요. 예를 들어, 역사 동화책이나 한 인물의 이야기를 읽는다면, 그 배경이 되는 역사적 사실을 먼저 알아보세요. 그래야 이야기의 흐름을 더 잘 이해할 수 있답니다. 예를 들어, 《백범일지》를 읽기 전에 백범 김구 선생이 살았던 당시 상황을 찾아보거나 생각해 보는 식이지요.

3. 역사 인물이 한 일에 집중해서 읽기
역사는 사람이 만들어 온 이야기예요. 그래서 역사 속에는 많은 인물이 등장합니다. 이들의 행동과 선택을 생각하며 읽어 보세요. 인물들이 어떤 상황에서 왜 그런 선택을 했는지를 이해하면, 역사를 더 생생하게 느낄 수 있어요.

4. 해석하고 비판하기

역사 속 인물이 했던 선택을 해석하고 비판하며 읽는 것도 중요합니다. 해석은 '왜 그랬을까?'를 생각하는 것이고, 비판은 '그 선택이 옳았을까?'를 고민하는 거예요. 모든 선택에는 이유가 있기 때문에 앞뒤 맥락을 잘 이해하면서 읽으면 '왜'를 생각할 수 있어요. 그리고 그 선택의 결과와 현재 우리의 모습을 연결 지어 보며 옳고 그름에 대해 비판적으로 생각해 볼 수 있답니다.

5. 나라면 어떻게 했을지 생각하기

역사 속 인물들의 선택을 비판한 뒤, 만약 내가 그 당시 상황에 있었다면 어떤 선택을 했을지 상상해 보세요. 과거를 바꿀 수는 없지만, 역사 속 상황을 더 적극적으로 이해할 수 있을 거예요.

역사 하루 한 장 초등 필독서

교과 연계 : 5-2 사회_대한민국 정부 수립과 6·25 전쟁   난이도 ★★☆☆☆

역사의 아픔을 등에 업고 살아간 한 소녀의 이야기

이 책은 1984년에 초판 출간된 동화로, 해방 직후와 한국 전쟁 그리고 남북한의 대립 속에서 살아간 한 소녀 '몽실'을 통해 전쟁의 아픔을 보여 주는 이야기예요.

몽실은 가난에 지쳐 아버지 곁을 떠난 엄마와 함께 새아버지 김 주사와 살게 됩니다. 어색한 환경 속에서도 새집에 적응하려 노력하지만, 얼마 지나지 않아 남동생 영득이 태어나요. 그때부터 몽실은 구박을 받으며 식모처럼 취급당해요. 이후 다리를 크게 다치는 사고를 겪고, 결국 고모를 따라 친아버지의 곁으로 돌아가게 됩니다.

하지만 전쟁이 나자마자 몽실의 아버지는 전쟁터로 끌려가고, 다정한 새엄마였던 북촌댁은 동생 난남을 두고 병으로 세상을 떠나요. 그때부터 몽실은 홀로 난남을 키우기 위해 고단한 삶을 이어가지요.

몽실의 아버지가 전쟁에서 돌아왔지만, 다리를 다쳐 몽실이 보살펴야만 했어요. 먼 부산까지 치료를 받으러 갔지만, 결국 아버지는 세상을 떠나고 말아요. 몽실의 친엄마인 밀양댁도 병으로 세상을 떠난 후, 몽실은 식모살이와 구걸을 하며 동생을 돌봐요.

그렇게 30년의 세월이 흘러, 몽실은 꼽추와 결혼해 장사를 하며 살아갑니다. 가난 때문에 헤어졌던, 지금은 몸이 약해 요양원에 있는 난남을 종종 찾아가요. 둘은 그간 있었던 일을 이야기하며 추억을 나눕니다. 헤어질 시간이 되어 떠나는 몽실을 보며, 난남은 홀로 눈물을 흘리지요.

> 이제 전쟁이 멈췄으면 좋겠어.

몽실 언니 권정생 글, 이철수 그림 | 창비 | 2012

한국 전쟁 당시를 살아간 우리 역사 속 사람들의 이야기예요. 전쟁 전후로 얼마나 비참하고 아픈 삶을 살았는지 한 소녀의 삶을 통해 보여 주고 있어요.

라온쌤 뉴스 제33호   키워드 전쟁, 우크라이나

세계를 위협하는 우크라이나 전쟁

2022년 2월 24일, 러시아는 우크라이나를 침공했다. 러시아군이 우크라이나의 수도 키이우를 비롯한 주요 도시들을 공격하면서, 전면전이 시작되었다. 우크라이나 사람들은 러시아의 공격에 맞서 나라를 지키기 위해 싸웠고, 서방 국가들도 우크라이나를 돕기 시작하였다. 전쟁 초반 러시아군은 빠르게 우크라이나 주요 도시로 진격했으나, 우크라이나의 강한 저항과 서방의 군사 지원 덕분에 전쟁은 쉽게 끝나지 않았다.

전쟁이 길어지며, 우크라이나에서는 전쟁을 피해 다른 곳으로 피란을 가는 전쟁 난민이 늘고 있다. 그뿐만 아니라 우크라이나와 러시아, 그리고 전 세계 많은 나라의 경제도 큰 타격을 받고 있다. 우크라이나에서는 물, 음식, 전기와 같은 생활 필수품의 가격이 많이 올랐으며, 러시아도 전쟁을 멈추라는 압박과 함께 경제 제재를 받고 있어서 사람들이 생활에 많은 불편을 겪고 있다.

전쟁의 영향은 다른 나라에도 미친다. 러시아와 우크라이나는 세계에서 곡물과 에너지를 많이 생산하는 대표적인 나라들이다. 그러나 전쟁으로 인해 수출이 어려워지면서 다른 나라들도 빵이나 기름 같은 물건들의 가격이 올라 어려움을 겪고 있다.

많은 사람이 우크라이나와 러시아 전쟁이 끝나기를 바라지만, 아직 해결의 기미가 보이지 않는다.

전쟁은 여러 나라에 크고 작은 영향을 미쳐요.

어휘 톡톡

- **침공** 다른 나라를 침략해서 쳐들어감
- **전면전** 일정한 범위 전체에 걸쳐 광범위하게 벌어지는 전쟁
- **진격** 나아가서 적을 공격함

 《몽실 언니》는 어떤 책일까?

엄마와 새아버지 집에 살던 몽실이 다시 친아버지에게로 간 이유는 무엇인가요?

친아버지와 친어머니가 세상을 떠난 이후 몽실의 삶은 어떠했나요?

기사를 읽은 후에 알게 된 것은?

러시아와 우크라이나의 전쟁은 어떻게 시작되었나요?

전쟁으로 인해 우크라이나에는 어떤 피해가 발생하고 있나요?

 **책과 기사를 읽은 후 하고 싶은 말**

"전쟁에서는 이긴 사람도 결국 패배자이다."라는 말이 있어요.
전쟁에서 이긴 나라의 국민은 어떤 아픔을 겪을 수 있을까요?

 **내 안의 생각 끌어내기**

전쟁이 일어났을 때 가장 피해를 보는 사람은 누구라고 생각하나요? 그 이유도 함께 써 보세요.

어려운 시절에 태어난 몽실의 삶은 말할 수 없이 처참했어요. 부모를 잃은 것도 모자라 배다른 동생까지 챙겨야 했으니까요. 선생님은 그 아픈 삶을 들여다볼 때마다 마음이 아파요. 몽실은 그 시대를 살았던 이들의 자화상이에요. 더 안타까운 삶을 산 사람도 있겠지만, 중요한 사실은 이 모든 것이 같은 민족끼리 총을 겨눈 비극, 한국 전쟁 때문에 벌어졌다는 것이에요. 이 책을 쓴 권정생 선생은 여러 작품을 썼지만, 직접 겪은 시대의 이야기를 글로 남겨 많은 이의 가슴을 울렸어요. 한국 전쟁을 배경으로 한 여러 역사 동화 중 이 책을 소개하는 이유도 작가의 경험 속에서 탄생한 작품이기 때문이랍니다.

역사 하루 한 장 초등 필독서

교과 연계 : 5-1 과학_다양한 생물과 우리 생활

난이도 ★★★☆☆

우리가 몰랐던 인류 역사 속으로

'고인류학자'는 인간이 어떤 과정을 거쳐 지금의 모습으로 진화했는지, 그리고 어떻게 땅 위에서 살아가게 되었는지를 탐구하는 학자예요. 이 책은 세계적인 고인류학자 이상희 교수가 어린이에게 전하는 인류의 기원과 진화에 관한 특별한 수업이에요. 우리가 어떻게 지금의 우리 모습이 되었는지 그 낯설고 흥미진진한 이야기가 펼쳐져요.

인류는 언제, 어디에서 시작되었을까요? 과거에는 인류가 약 천만 년 전에 시작되었다고 여겼지만, 실제로는 약 500만 년 전에 등장했다는 사실이 밝혀졌어요. 이 사실은 실험실 연구를 통해 드러났지요. 다양한 생명체의 혈액을 분석한 결과, 인류와 고릴라, 침팬지가 생각보다 매우 비슷한 유전자를 가졌다는 점을 발견했답니다. 이 사실은 인류가 아주 오래전에 갈라져 나온 것이 아니라는 걸 의미해요. 이 연구 결과 덕분에 DNA와 유전자를 다루는 기술이 빠르게 발전했고, 인류 진화를 밝히는 데 도움이 되었어요.

진화론을 주장한 영국 과학자 찰스 다윈은 인간이 가진 대표적 특징으로 큰 두뇌, 두 발 걷기, 도구 사용, 작은 치아를 꼽았어요. 그리고 수렵 생활을 통해 지금의 모습으로 진화했을 거로 짐작했지요. 진화란 더 나아지는 것만 뜻하는 게 아니에요. 지구의 생물들은 어떤 모습으로든 계속 변화했고 지금의 모습이 되었어요. 가장 중요한 사실은 우리 조상이 그랬듯이 현재에 최선을 다하며 사는 거랍니다.

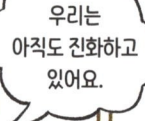

우리는 아직도 진화하고 있어요.

이상희 선생님이 들려주는 인류 이야기

이상희 글, 이해정 그림 | 우리학교 | 2018

우리가 잘못 알고 있는 인류 이야기를 고인류학자가 조목조목 알려 줘요. 인류가 어떻게 진화해 왔는지, 인간만의 특징은 무엇이며, 우리가 앞으로 어떻게 살아가야 하는지를 고민하게 해요.

라온쌤 뉴스 제34호 키워드 문어, 진화

문어가 인류를 대신해 지구의 주인이 된다고?!

영국 옥스퍼드대학교 연구팀은 인류가 멸망하면 문어가 지구의 주인이 될 가능성이 있다고 밝혔다. 팀 콜슨 교수는 문어가 높은 지능과 <mark>소통</mark> 능력이 있어, 사람처럼 새로운 문명을 만들 수 있을 거라고 주장했다.

문어는 물 밖에서도 30분 동안 숨을 쉴 수 있는 능력이 있다. 콜슨 교수는 문어가 완벽하게 육지 동물로 <mark>진화</mark>하지는 않겠지만, 물 밖에서 더 오래 머물 수 있게 될 거라고 말했다. 또한, 문어가 물 밖에서 숨 쉴 방법을 발전시킨다면, 나중에는 사슴이나 양 같은 동물을 사냥할 수도 있을 것이라고 한다.

문어는 지구에서 가장 지능적이고 적응력이 뛰어난 바다 동물 중 하나다. 복잡한 뇌와 높은 인지 능력이 있으며, 다양한 환경에서도 살아갈 수 있다. 새우나 상어 같은 동물도 사냥할 수 있는 강력한 <mark>포식자</mark>다.

나는야, 아주 똑똑한 생명체!

사람과 비슷한 영장류는 사람과 함께 멸종할 가능성이 크고, 새들은 복잡한 일을 하기 어려워 문명을 발전시키기 힘들다. 그래서 문어가 인류의 뒤를 이어 지구의 새로운 지배자가 될 수 있다는 주장은 지적 생명체의 진화 가능성에 대한 새로운 시각을 제시한다.

어휘 톡톡

- **소통** 막히지 않고 잘 통함
- **진화** 일이나 사물 따위가 점점 발달하여 감
- **포식자** 다른 동물을 먹이로 하는 동물

 《이상희 선생님이 들려주는 인류 이야기》는 어떤 책일까?

고인류학자가 하는 일은 무엇인가요?

인류와 고릴라, 침팬지가 겉보기보다 더 비슷한 유전자를 가졌다는 점에서 알 수 있는 사실은 무엇인가요?

기사를 읽은 후에 알게 된 것은?

지구의 주인이 될 가능성이 있다고 보는 문어의 능력은 무엇인가요?

원숭이나 새들은 문어처럼 문명을 발전시키기 어렵다고 한 이유는 무엇인가요?

 **책과 기사를 읽은 후 하고 싶은 말**

인간은 오랜 시간에 걸쳐 지금의 모습으로 진화했어요. 그렇다면 50만 년 후의 인류는 어떤 모습일까요? 미래 환경 변화를 생각하며 써 보세요.

 **내 안의 생각 끌어내기**

'진화'란 더 나아지는 것이 아닌 끊임없이 변화하고 적응하는 과정이라고 했어요.
여러분은 지금 어떤 것에 적응하려고 하나요? 또 그 과정을 통해 무엇을 배우는지 써 보세요.

 **라온쌤의 책 속으로**

바쁘게 생활하다 보면 어느 날 문득 내가 왜 이 일을 하고 있는지 궁금해져요. 그 생각이 꼬리에 꼬리를 물다 보면 '나는 누구'이며 '어디에서 왔는지'까지 생각하게 될 때가 있어요. 사람이기 때문에 아마도 이런 고민을 하는 거겠지요?

이 책은 나와 우리의 기원에 대해 이야기해요. 우리가 흔히 보았던 인류 진화 사진을 두고 '이건 틀렸다'라고 주장하면서 강렬하게 시작하는 이 책은 결국 우리에게 지금 중요한 것은 망설이지 말고 선택하고 또 열심히 살아가자는 이야기로 마무리됩니다.

역사 하루 한 장 초등 필독서

교과 연계 : 6-1 국어_인물이 추구하는 가치 파악하기   난이도 ★★★☆☆

원주민을 몰아낸 미국 정부

> 한 번도 소유하지 않은 땅을 어찌 팔라고 하는지….

미국 정부가 북아메리카 원주민들에게 그들이 사는 땅을 팔라고 요구하자, 시애틀 추장은 당당히 나섭니다. 그는 한 번도 소유한 적이 없는 땅을 어떻게 팔 수 있느냐고 물으며 이야기가 시작되지요.

미국과 원주민, 그리고 땅에 얽힌 이야기는 더 오래된 과거로 거슬러 올라갑니다. 1492년 크리스토퍼 콜럼버스가 북아메리카 대륙을 발견했을 때, 그는 그곳의 넓은 땅과 그에 속한 모든 것이 자기들 것이라 생각하며 기뻐했지요. 이런 이기적인 생각 때문에 먼저 그곳에 살던 원주민들은 내쫓기고 잡혀서 노예로 부려지거나 희생되고 맙니다. 게다가 유럽 사람들과 함께 배를 타고 온 낯선 병원균에 의해 면역력이 없는 원주민들은 병에 걸려 앓거나 목숨을 잃었지요.

그렇게 누군가의 땅에 함부로 침입한 그들은 이제 본격적으로 땅을 팔라고 제안하기 시작합니다. 땅과 자연을 소유물로 생각하지 않았던 원주민들에게는 낯선 제안이었어요.

시애틀 추장은 그곳을 지키기 위해 끊임없이 노력하지만, 백인들의 압박은 점점 심해졌고 인디언들의 희생도 이어졌어요. 그들은 결국 자신들이 떠나기로 합니다. 그것이 부족을 지키는 길이라고 생각한 것이에요. 그것은 사실상 강제 이주였고, 원주민들은 6개월에 걸쳐 1,300km를 걸어가야 했어요. 그러고는 '인디언 보호 구역'이라는 창살 없는 감옥에 갇혀 살아가게 되었답니다.

시애틀 추장 연설문 정명림 지음 | 현북스 | 2018

미국 정부가 북아메리카 원주민에게 땅을 팔라고 하자, 그럴 수 없었던 시애틀 추장이 연설한 내용을 담았어요. 자연이 과연 누구의 것인지 절절히 설파하며 그들을 설득하기 위해 애쓰는 마음이 그대로 느껴져요.

필독서와 함께 읽는 뉴스

라온쌤 뉴스 제35호 **키워드** 농업 용수, 산림 훼손

농업 용수 공사로 훼손된 산림

△△ 지역에서 **농업 용수** 부족 문제를 해결하기 위해 공사를 진행하면서 산림이 **훼손**된 사건이 발생했다. 공사를 위해서는 건설 현장에서 사용하는 기계를 이동시켜야 하는데, 이로 인해 약 1,000㎡의 산지와 나무들이 **무단**으로 파괴된 것이다.

이 사건에 대해 지역 주민들은 자연이 훼손되면서 생태계가 큰 피해를 보았다고 강하게 항의하고 있다. 하지만 해당 지자체는 산림 훼손에 대한 행정 조치나 원상 복구를 위한 노력을 하지 않아 주민들의 원성이 높다. 게다가 공사의 진행 상황을 모른 체하였고, 불법 행위를 그냥 두었으며, 오히려 숨기려고 했다는 비판까지 일고 있다.

산림이 파괴되면 생태계에 여러 가지 문제가 생긴다. 다양한 동물과 식물들이 서식지를 잃고, 나무가 없어진 지역에서는 토양이 약해져 농작물이 자라는 데도 문제가 생길 수 있다. 특히 산은 이산화탄소를 흡수하는 역할을 하는데, 나무가 없어지면 기후 문제도 심각해질 수 있으며, 홍수나 가뭄의 위험도 커지니, 산림은 매우 중요한 자원이다.

이번 사건에 대해 지역 주민들은 지자체가 책임지고 해결해 줄 것을 요구하며, 망가진 산림을 다시 회복시키고, 다시는 이런 일이 반복되지 않아야 한다며 목소리를 높이고 있다.

> 산림을 훼손하면 생태계에 문제가 생겨요!

어휘 톡톡

- **농업 용수** 농사 짓는 데 필요한 물
- **훼손** 어떤 물건이나 상태가 손상되거나 망가지는 것
- **무단** 허락이나 허가를 받지 않고 마음대로 하는 것

《시애틀 추장 연설문》은 어떤 책일까?

북아메리카 원주민들이 살던 곳에서 쫓겨난 이유는 무엇인가요?

살던 곳을 떠난 원주민들은 어디로 가게 되었나요?

기사를 읽은 후에 알게 된 것은?

△△ 지역에서 산림 파괴 문제가 일어난 원인은 무엇인가요?

산림이 훼손되면 어떤 문제가 생기나요?

 책과 기사를 읽은 후 하고 싶은 말

미국 정부가 원주민들에게 땅을 팔라고 한 일과 공사를 위해 산림을 무단으로 훼손한 일을 비교해 보고, 그들이 자연을 대하는 태도에 어떤 문제점이 있는지 써 보세요.

 내 안의 생각 끌어내기

시애틀 추장은 '자연을 인간의 소유로 생각하여 함부로 하면 결국 우리는 살아남기 위한 투쟁만을 하게 될 것'이라고 말했어요. 그가 이런 말을 한 이유는 무엇인가요?

 라온쌤의 책 속으로

시애틀은 북아메리카 원주민인 '수쿠아미쉬' 부족의 추장이에요. 그는 미국이 원주민들의 공간에 침입하자 그들을 상대로 연설을 했어요. 이 책은 그 연설을 바탕으로 쓴 연설문과 당시 상황을 그리고 있어요. 그리고 연설이 내포한 의미 덕분에 환경의 중요성을 알리는 글로 유명해졌어요. 그의 연설문을 보면 땅은 소유할 수 있는 것이 아니며 우리 인간은 땅의 일부라는 것, 땅 또한 우리의 일부이며 그렇기에 우리는 서로 연결되어 있다는 말이 나오는데, 이 말에서도 자연에 대한 시애틀 추장의 생각을 알 수 있지요. 연설문과 그 내용을 이해할 수 있는 글이 엇갈려 등장하는 이 책을 천천히 읽다 보면, 우리가 자연을 어떻게 대해야 하는지 알 수 있어요.

역사 하루 한 장 초등 필독서

교과 연계 : 5-2 사회_일제의 침략과 광복을 위한 노력 | 6-1 도덕_내 삶의 주인은 바로 나   난이도 ★★★★☆

나라를 위해 애쓴 김구 선생의 자서전

우리나라의 독립을 위해서라면 못할 일이 없지.

이 책은 우리나라 독립운동가 김구 선생이 독립운동을 하며 자신의 일생을 기록한 자서전이에요.

김구 선생님은 어릴 때 말썽꾸러기였어요. 아버지가 모아 둔 돈으로 떡을 사 먹으려고 하거나, 어머니가 빨래하던 개울에 물감을 풀다가 종아리를 맞기도 했지요. 그러나 곧 마음을 다잡고 과거 시험을 보려고 공부를 열심히 하기도 했어요.

성인이 된 후에는 동학에 들어가 선봉장이 되어 운동을 이끌었고, 비밀 독립운동 단체인 '신민회'에 가입해 활동했어요. 그러다가 일제에 잡히기도 했지만, 여러 차례 이름을 바꾸어 가며 독립운동에 매진한 김구 선생님의 삶은 독립을 향한 끊임없는 열정으로 가득했답니다.

'치하포 사건'은 김구 선생님의 뜨거운 분노와 결단을 보여 주는 일화예요. 일본이 명성황후를 시해한 사건에 분노한 그는 수상해 보이는 일본인을 명성황후를 시해한 사람이거나 공범이라고 생각해 죽이고 말아요. 그 일로 감옥에 들어가 사형 선고를 받지만, 고종이 사면해 주었어요.

이후 일제 강점기를 맞자 김구 선생은 중국 상하이로 떠나 대한민국 임시정부의 경무국장이 되어 이봉창이나 안창호 등의 인물과 함께 독립운동에 열중해요. 시간이 지나 고대하던 광복을 맞았지만, 남한과 북한이 따로 대통령을 뽑으려는 모습에 슬퍼했어요. 그리고 꿋꿋이 '남북 총선거'를 주장하다가, 결국 부하의 총에 맞아 세상을 떠나게 됩니다.

독립을 향한 열정의 기록 백범 일지

강창훈 글, 신슬기 그림 | 책과함께어린이 | 2018

독립운동가 백범 김구 선생이 자신의 삶을 쓴 자서전이에요. 어릴 때 일화부터 임시 정부의 경무국장이 되어 나랏일을 보고, 광복 후에는 통일을 위해 애쓰기까지, 그의 일대기가 잘 담겨 있어요.

라온쌤 뉴스 제36호   **키워드** 남북 공동선언, 평화

6월 15일은 남북 공동선언의 날

2000년 6월 15일은 남북 정상회담에서 발표된 '6·15 남북 공동선언'이 있었던 날이다. 김대중 대통령과 북한 김정일 국방위원장이 만나 발표한 이 선언은 남한과 북한이 서로를 인정하며 발표한 역사적인 성명서이다.

6·15 남북 공동선언은 평화로운 방법으로 통일을 위해 노력하고, 남한과 북한이 이산가족을 만나게 하며, 경제 협력과 문화 교류 등을 위해 노력할 것을 다짐한 약속으로, 남북 관계의 큰 전환점이 되었다.

이 선언 이후에 많은 이산가족이 꿈에 그리던 가족을 만날 수 있었고, 금강산 관광도 시작되었다. 또 개성공단이라는 곳을 만들어 남한과 북한 사람들이 함께 일하며 서로를 이해하는 시간도 가졌다.

하지만 최근 남북 관계는 대화가 끊기고 갈등이 이어지며 그 어느 때보다 어려움을 겪고 있다. 이에 대해 한 시민은 "다시 한번 6·15 남

북 공동선언처럼 평화를 위해 노력해야 한다"라고 말하며, 남북 화해를 위한 새로운 방법을 모색해야 한다고 주장했다.

평화는 하루아침에 이루어지지 않는다. 평화를 위해서는 남북이 다시 대화를 시작하는 게 중요하다. 남북 관계를 연구하는 전문가들은 평화로운 한반도를 만들기 위해 신뢰를 회복하고 협력을 이어가는 노력이 무엇보다 필요하다고 강조했다.

어휘 톡톡

- **회담** 어떤 문제에 대해 관련 사람들이 모여 회의를 하는 것
- **전환점** 분위기나 상황이 바뀌는 시기나 지점
- **모색** 일이나 사건 따위를 해결할 수 있는 방법이나 실마리를 더듬어 찾음

 《독립을 향한 열정의 기록 백범 일지》는 어떤 책일까?

'치하포 사건'이란 무엇인가요?

일제 강점기가 된 이후 김구 선생은 무슨 일을 했나요?

기사를 읽은 후에 알게 된 것은?

2000년에 있었던 '6·15 남북 공동선언'에는 어떤 약속이 담겨 있나요?

대화가 끊기고 교류가 없는 현재 남북 관계에 대해 사람들이 제시하는 의견은 무엇인가요?

 책과 기사를 읽은 후 하고 싶은 말

김구 선생이 남한과 북한의 총선거를 주장했던 이유는 무엇인가요?
남한과 북한이 각각 선거를 하여 지도자를 뽑았을 때 어떤 문제가 생길지 써 보세요.

 내 안의 생각 끌어내기

'6·15 남북 공동선언'의 의미를 되살리기 위해
남한과 북한이 지금 해야 할 일이 무엇인지 여러분의 생각을 써 보세요.

 라온쌤의 책 속으로

김구 선생의 자서전 《백범일지》는 1947년 12월에 처음 책으로 나왔어요. 각각 다른 시기에 쓴 글 세 개가 상권과 하권, 그리고 일기 끝에 실린 〈나의 소원〉으로 묶였어요. 상권은 중국 상하이에 있는 대한민국 임시정부에서 자신의 삶을 돌아보며 쓴 내용으로 두 아들에게 보내는 편지 형태예요. 하권은 한인애국단의 활동부터 해방을 위한 독립운동, 해방 후 임시정부가 우리나라에 돌아오는 과정, 김구 선생이 삼남(전라·충청·경상) 지방을 돌아본 기록이에요. 이 내용을 어린이가 읽기 쉽도록 풀어 쓴 것이 바로 이 책이에요. 우리나라 독립을 위해, 또 남북이 하나가 되길 원했던 독립운동가 삶의 기록이니 꼭 읽어 보길 바라요.

역사 하루 한 장 초등 필독서

교과 연계 : 6-2 사회_지구촌의 평화와 발전   난이도 ★★★★☆

은신처에 숨어 살던 소녀의 나날들

제2차 세계 대전 당시 나치 독일은 '홀로코스트(유대인 대학살)'라는 말이 생길 정도로 유대인을 탄압하고 죽였어요. 이 책은 네덜란드에 살던 유대인 소녀 안네 프랑크가 나치를 피해 숨어 살던 곳에서 2년간 쓴 일기예요.

안네의 가족을 비롯해 다른 4인 가족은 건물 안쪽에 숨어 살았는데, 어린 소녀의 갑갑하고 힘든 심경과 더불어 전쟁의 생생한 상황이 글 곳곳에 담겨 있어요. 그래서 이 책은 전 세계에 널리 읽히는 훌륭한 문학 작품이 되었지요.

안네는 숨어 살면서 늘 불을 끄고 조용히 있어야 했던 것에 대한 힘겨움, 그곳에서 보는 어른들과 엄마에 대한 비판, 사춘기 소녀로서 성적 호기심 같은 내용을 일기장인 키티에 가감 없이 풀어 놓아요.

은신처에는 안네의 언니인 마르고트, 안네의 엄마와 아빠, 안네 아빠의 친구인 판단 씨와 그의 아내, 판단 씨의 아들인 패터와 뒤셀 등이 함께 살았어요. 안네는 언니와 자신을 차별하는 엄마에 대한 불만, 패터를 좋아하는 마음 등을 일기에 모두 적었답니다. 이런 안네를 사람들은 버릇없고 건방지고 고집이 세다고 말하기도 했지요. 안네는 긴 은신처 생활이 끝나기를 고대하지만, 은신처는 밀고자 때문에 발각되고, 결국 실제로 안네도 언니와 함께 수용소로 끌려가 삶을 마감하고 말아요.

안네의 일기 안네 프랑크 원저, 이주현 그림, 한상남 편 | 지경사 | 2024

제2차 세계 대전 당시 나치를 피해 2년 동안 은신처에 숨어 살던 한 소녀의 일기를 엮었어요. 라디오를 통해 외부 소식을 들으며, 은신처 안에서 견디어 보려고 노력한 소녀의 마음이 잘 드러나 있어요.

라온쌤 뉴스 제37호　　　　　　　　　　　　　　키워드 전쟁, 아우슈비츠

전쟁의 비극을 기억하는 아우슈비츠

안네는 잡혀간 후 폴란드에 있는 '아우슈비츠 수용소'로 보내졌다. 아우슈비츠는 제2차 세계 대전 동안 나치 독일이 만든 가장 큰 강제 **수용소** 중 하나로, 유대인뿐만 아니라 폴란드인, 집시, 장애인 등 다양한 사람들이 강제로 잡혀와 끔찍한 고통을 겪었던 곳이다. 이곳에서는 사람들이 강제 노역을 해야 했고, 제대로 된 음식이나 물조차 제공받지 못한 채 비참한 생활을 이어갔다. 또한, 많은 사람이 가스실에서 생명을 잃었고, 그 중에는 노인뿐만 아니라 어린아이도 있었다.

아우슈비츠에서는 약 110만 명 이상의 사람들이 목숨을 잃었으며, 이곳은 당시 전쟁이 얼마나 많은 사람에게 고통을 주었는지를 보여주는 대표적인 장소이다.

지금 이곳은 박물관이 되어 많은 사람에게 그때의 비극적인 역사를 배우고 기억할 수 있는 곳이 되었다. 아우슈비츠와 같은 역사적인 장소를 통해 사람들은 전쟁의 **잔혹**함을 잊지 않고, 다시는 이런 일이 일어나지 않도록 기도한다. 우리는 모두 전쟁의 비극과 평화의 소중함을 잊지 말아야 하며, 이러한 비극이 반복되지 않게 노력해야 한다.

아우슈비츠는 당시 최대 규모의 강제 수용소였어요.

🔍 **어휘 톡톡**
- **수용소** 많은 사람을 집단적으로 한곳에 가두거나 모아 넣는 곳
- **잔혹** 잔인하고 혹독함

 《안네의 일기》는 어떤 책일까?

안네의 가족이 은신처에서 사는 이유는 무엇인가요?

안네의 일기장에는 어떤 내용들이 적혀 있나요?

기사를 읽은 후에 알게 된 것은?

폴란드의 아우슈비츠 수용소에는 어떤 사람들이 강제로 잡혀와 생활했나요?

아우슈비츠 수용소가 현재 박물관으로 남아 있는 이유는 무엇인가요?

 **책과 기사를 읽은 후 하고 싶은 말**

아우슈비츠와 같은 슬픈 역사를 배우는 것이 우리에게 어떤 의미가 있는지, 그리고 이런 일이 반복되지 않으려면 어떤 노력을 해야 하는지에 대한 자신의 생각을 써 보세요.

 **내 안의 생각 끌어내기**

만약 여러분이 2년 넘게 은신처에 숨어 살아야 한다면, 그 시간을 어떻게 견뎌낼지 생각해 보세요.

 **라온쌤의 책 속으로**

이 책은 그 가치를 인정받아 2009년 유네스코 세계 기록 유산으로 등재되었어요. 한 소녀가 전쟁 중 숨어 살며 쓴 글이라는 점 자체로도 의미가 있지만, 안네의 글쓰기 실력 또한 훌륭하기 때문일 거예요. 이 책은 나치 치하를 살아냈던 유대인들의 자서전이기도 해요. 은신처가 발각되고 나서 안네와 언니가 끌려갔기 때문에 일기는 그 전의 이야기까지만 나와요. 그리고 한참 후 이 일기장을 발견한 사람이 안네의 아빠인 오토 프랑크에게 일기장을 전달해 주고, 아빠는 이 일기를 책으로 출판했어요. 1945년 3월경, 수용소로 끌려가 언니와 함께 세상을 떠난 안타까운 안네의 삶을 읽다 보면 전쟁의 참혹함과 잔인함에 대해서 깊이 생각하게 돼요.

 **역사** 하루 한 장 초등 필독서

교과 연계 : 5-1 사회_우리나라의 영역 알아보기   난이도 ★★★★☆

일제 강점기에 겪은 우리 민족의 수난과 아픔

총 9편의 단편으로 이루어진 이 책은 일제 강점기에 우리 민족이 겪었던 일을 그린 동화예요.

첫 번째 이야기인 〈꽃잎으로 쓴 글자〉는 우리 민족의 얼을 빼앗고자 학교에서 우리 말을 쓰지 못하게 했던 일을 소재로 삼았어요. 일본인 선생님이 아이들에게 나무패를 주고 조선말을 쓴 아이에게 전달하라고 했어요. 그 아이는 매를 맞을 거라면서요. 나무패는 이 아이, 저 아이에게로 갔고 마지막에 승우가 갖게 되었어요. 승우는 결국 선생님께 손바닥을 맞았고, 그 사실을 알게 된 아빠는 우리 말과 글을 지키는 것이 우리 얼을 지키는 거라며 위로해 주었어요.

근로 정신대에 끌려가야 했던 은옥의 이야기를 담은 〈잠들어라 새야〉, 관동 대지진을 배경으로 일제 시대 피해자가 조선 어린이만은 아니었음을 보여주는 〈꽃을 먹는 아이들〉, 친일파의 아들로 태어나 조선 아이들에게도, 일본 아이들에게도 배척당하는 아이의 이야기를 그린 〈남작의 아들〉 등 당시 우리 민족이 겪은 수난을 절절히 느낄 수 있어요.

마지막 이야기이자 책의 제목이기도 한 〈마사코의 질문〉에는 여전히 자신들 잘못을 인정하지 않는 일본인의 모습이 담겨 있어요. 미국이 왜 일본에 원자 폭탄을 떨어뜨렸는지 묻는 손녀에게 할머니는, '일본은 그저 당했을 뿐'이라고 이야기하는 장면을 통해 지금까지도 역사를 왜곡하고 인정하지 않는 일본의 모습을 떠올리게 한답니다.

마사코의 질문 손연자 글, 김재홍 그림 | 푸른책들 | 2009

일제 강점기에 우리 민족이 겪은 온갖 수난들을 9편의 단편으로 생생하고 절절하게 그려 냈어요. 우리 말을 쓰지 못하게 하고, 강제로 정신대에 끌려가거나, 생체 실험을 당했던 일 등 아프지만 꼭 알아야 할 우리 역사가 담겨 있어요.

라온쌤 뉴스 제38호   키워드 역사 왜곡, 일본 교과서

일본의 교과서 왜곡 논란이 이어져

일본 정부가 일제 강점기에 우리나라를 식민지로 삼은 것을 <mark>정당화</mark>하고, 위안부 강제 동원을 부정하는 내용이 담긴 교과서를 통과시켜 또다시 논란이 되고 있다. 2024년 4월 22일에 중학교 사회과 교과서 18종을 승인한 데 이어 추가로 2종을 통과시킨 것이다. 우리 정부는 이에 대해 즉각 수정을 요구했다.

이 교과서들에는 위안부 강제 동원을 부정하는 내용뿐만 아니라 독도에 대한 일본의 주장을 정당화하며 우리나라 영토 주권을 <mark>침해</mark>하는 내용도 실었다. 또한, 일본이 시작한 침략 전쟁과 그로 인해 벌어진 학살에 대한 내용도 담겨 있는데, 이는 전쟁의 참혹함이나 피해를 객관적으로 다루기보다는 일본의 입장에서만 서술되어 있다. 이로 인해 전쟁의 책임을 축소하거나 왜곡하려는 의도가 엿보인다.

교과서에 <mark>왜곡</mark>된 정보를 실으면 일본 학생들이 잘못된 역사관을 가질 수 있기에 매우 심

대한민국 최동단에 있는 우리 섬 독도예요!

각한 문제이다.

교과서는 아이들이 처음 세상을 배우는 통로로, 이렇게 잘못된 내용을 가르친다는 것이 매우 우려스럽다. 과거사에 대한 진솔한 사과는커녕 계속 역사 왜곡을 시도하는 일본에 우리 국민은 계속 사과를 요구해야 할 것이다.

어휘 톡톡

- **정당화** 정당성이 없거나 의문이 있는 것을 둘러대어 정당한 것으로 만듦
- **침해** 침범하여 해를 끼침
- **왜곡** 사실과 다르게 해석하거나 그릇되게 함

 《마사코의 질문》은 어떤 책일까?

첫 번째 이야기인 〈꽃잎으로 쓴 글자〉에서 승우가 손바닥을 맞은 이유는 무엇인가요?

학교에서 손바닥을 맞고 온 승우에게 아버지가 한 이야기는 무엇인가요?

기사를 읽은 후에 알게 된 것은?

일본 교과서에 실린 역사 왜곡에 관한 내용은 무엇인가요?

일본의 교과서 왜곡 행위가 문제 되는 이유는 무엇인가요?

 **책과 기사를 읽은 후 하고 싶은 말**

마사코의 할머니가 역사를 왜곡하여 손녀에게 설명하는 장면을 통해,
우리가 올바른 역사를 배우는 것이 왜 중요한지에 대한 여러분의 생각을 써 보세요.

 **내 안의 생각 끌어내기**

왜곡된 역사 교과서로 공부해야 하는 일본 친구들에게 여러분이 진실을 말해 준다면,
어떻게 이야기하고 싶은지 써 보세요.

 **라온쌤의 책 속으로**

　　1910년부터 1945년까지, 35년 동안 일본의 지배 아래 살아야 했던 우리 민족이 겪은 수난은 말로 다 할 수 없어요. 이 책의 모든 이야기가 그 시대의 암울한 모습을 너무도 절절히 담고 있어요. 작가 손연자 선생은 해방 직전인 1944년에 태어나 일제 강점기를 지내온 이들의 생생한 증언을 듣고 자랐어요. 그렇게 모은 자료를 토대로 쓴 작품집이 바로 이 책이에요. 이 책을 읽으며 책 속 인물들의 아픔을 이해하고, 나라를 빼앗기지 않아야 하는 이유도 생각해 보세요. 우리나라가 해방된 후에도 일본은 여전히 온전하고 진실한 사과를 하지 않고 있어요. 일본의 이런 태도에 대해 앞으로 우리 국민이 어떻게 대처해야 하는지도 생각해 보길 바라요.

역사 | 하루 한 장 초등 필독서

교과 연계: 3-2 국어_이야기 속 인물의 마음을 헤아리며 글 읽기 | 6-1 국어_마음을 나누는 글을 써요   난이도 ★★★☆☆

정약용 선생이 유배지에서 두 아들에게 쓴 편지

　이 책은 조선의 실학자 다산 정약용 선생이 전라도 강진에 유배를 갔을 때 두 아들인 학연과 학유에게 쓴 편지예요. 정약용과 그 형제들은 유교 사회였던 조선에서 천주교를 믿었어요. 결국 조정의 박해로 인해 집안의 가세가 기울어요. 또 자신이 천주교를 믿었다는 이유로 멀리 귀양을 간 후에는 남겨진 두 아들에 대한 걱정이 컸어요.

　1부에는 '독서와 공부의 장'이라고 하여 읽고 쓰며 익히는 일에 대해 두 아들에게 당부할 내용을 담은 편지가 실려 있어요. 공부는 집안을 일으켜 세우는 것이며, 책은 반복해서 읽어야 한다는 귀중한 이야기를 전해요.

　2부는 '생활과 실천의 장'이라고 하여 생활 속 지켜야 할 일과 삶의 태도에 대해 당부하는 이야기가 담겨 있어요. 웃어른을 공경할 것, 옳은 길을 가야 한다는 것, 친척들 간의 사이 등 폭넓게 생활 전반에 대한 지혜를 전합니다.

　그리고 마지막 3부는 실학자 정약용에 대한 설명과 그가 살았던 조선 사회의 모습을 보여 줘요. '삼정의 문란'이라 하여 백성들에게 있었던 횡포, 실학이 등장한 배경 및 정약용 선생이 유배를 간 이유와 그가 유배지에서 했던 일 등 1부와 2부의 내용을 이해하는 데 도움이 될만한 배경지식을 담았답니다.

"힘든 상황이지만 아들들이 바르게 자라 주면 좋겠군…."

아버지의 편지　정약용 원저, 원유미 그림, 한문희 편 | 현암주니어 | 2023

뛰어난 학자이자, 선량한 정치가, 과학자이자 발명가 그리고 무엇보다 자상하고 사려 깊은 아버지였던 조선 최고의 실학자 다산 정약용 선생이 유배지에서 자식들 생각에 잠 못 이루며, 한 자 한 자 써 내려간 편지들을 엮었어요.

라온쌤 뉴스 제39호   키워드 종교 박해, 위구르족

중국, 이슬람 사원의 철거와 개조

위구르 자치구의 이슬람 사원이 사라지고 있어요.

얼마전 중국 위구르 자치구의 최고 관리가 "이슬람의 중국화가 불가피하다."라고 말했다. '오스트레일리아 전략 정책 연구소(ASPI)'가 지난 2020년 발표한 보고서에 따르면, 중국이 2017년 이후 신장 지역에서 이슬람 사원 8,500여 개를 없애고 7,500여 개를 손상시켰다고 밝혔다. 이것은 신장에 있는 이슬람 사원 중 3분의 2가 넘는 양이다.

위구르족은 중국 서부에 사는 사람들로, 대부분 이슬람교를 믿는다. 그들은 자신의 전통과 문화를 아주 소중하게 생각하지만, 많은 위구르족 사람이 수용소에 구금되어 중국어를 배우고, 자신이 믿는 종교를 포기하도록 강요받고 있다는 논란이 있다.

중국 정부는 이러한 조치가 국가를 안전하게 지키고 테러를 막기 위한 것이라고 주장한다. 하지만 국제 사회와 여러 단체들은 중국의 이런 행동이 위구르족의 종교적 자유와 인권을 침해하고 있다고 비판한다. 모든 사람은 자신의 문화를 지키고, 자유롭게 종교를 믿을 권리가 있다. 위구르족이 자유롭게 종교를 믿고 문화를 지킬 수 있도록 많은 사람의 관심과 도움이 필요하다.

어휘 톡톡

- **불가피하다** 피할 수 없다
- **손상** 물체가 깨지거나 상함

 《아버지의 편지》는 어떤 책일까?

정약용 선생이 유배를 간 이유는 무엇인가요?

이 책의 1부에서 정약용 선생은 공부와 책에 관해 어떻게 말하고 있나요?

기사를 읽은 후에 알게 된 것은?

중국 정부는 위구르족의 이슬람 사원을 철거 및 개조하는 이유를 무엇 때문이라고 주장하나요?

신장 지역에 사는 위구르족이 소중히 여기는 것은 무엇인가요?

 책과 기사를 읽은 후 하고 싶은 말

위구르족처럼 강제로 자신의 종교와 문화를 침해 당하는 사람들이 아직 우리 사회에 있어요. 다른 민족의 종교와 문화를 존중해야 하는 이유는 무엇인가요?

 내 안의 생각 끌어내기

친구가 자신의 종교를 이유로 특정 음식을 먹지 않는다고 할 때, 여러분은 그 친구를 어떻게 대해야 할지 써 보세요.

 라온쌤의 책 속으로

선생님은 조선의 뛰어난 학자 한 사람을 뽑으라면 정약용 선생을 선택할 거예요. 유배지에서 500권의 책을 쓸 만큼 학자로서의 소양이 출중할뿐더러, 거중기를 만든 과학자이자 정치에서도 옳은 것을 추구하기 위해 애썼던 사람이기 때문이에요. 그는 유배지에서 《목민심서》나 《흠흠신서》 등 백성들을 위한 책을 많이 집필했어요.

그런데 이렇게 두 아들에게 편지를 꾸준히 쓴 까닭은 무엇일까요? 조상이 큰 죄를 짓고 죽어 그 자손이 벼슬을 할 수 없게 되는 것을 '폐족'이라고 해요. 가문은 비록 폐족이 되었으나, 자식들만은 공부와 독서를 통해 당당한 사람으로 살기를 바랐기 때문일 거예요.

역사 하루 한 장 초등 필독서

교과 연계 : 4-2 사회_필요한 것의 생산과 교환   난이도 ★★★★★

시작부터 현재까지, 단숨에 읽는 인류 문명의 역사

아주 오래 전에 지구에는 여섯 종의 인류가 살고 있었어요. 그런데 오늘날까지 남아 있는 것은 현생 인류인 호모 사피엔스뿐이지요. 맹수들보다 약했던 인류는 어떻게 30만 년의 시간을 뛰어넘어 오늘날 지구의 일인자가 되었을까요?

인류는 인지 혁명과 농업 혁명, 과학 혁명을 겪으며, 지금의 발전된 세상을 살고 있다고 해요. 인지 혁명은 사람들의 생각하는 방식이 바뀌면서 시작된 일을 뜻해요. 이로 인해 사람들은 이야기를 나누고, 상상하고, 복잡한 문제를 해결할 수 있게 되었어요. 농업 혁명은 사람들이 사냥이나 채집만 하지 않고, 농사를 짓기 시작한 때를 말해요. 그래서 음식이 많아지고, 마을을 만들 수 있게 되었어요. 마지막으로 과학 혁명은 사람들이 자연과 세상을 연구하고, 실험을 통해 새로운 발견을 하게 된 시기예요. 이렇게 세 가지 혁명은 인류의 삶을 크게 바꿔 놓았어요.

지금까지 인류 역사에 있었던 혁명은 우리 사회를 구성하는 종교, 정치와 많은 관련이 있어요. 이 책을 통해 우리의 역사가 어떻게 흘러왔는지 정치, 경제, 역사가 어떻게 연결되어 있는지 자세히 알 수 있어요. 그래서 지금 우리가 사는 이 사회를 이해하는 데 큰 도움이 될 거예요.

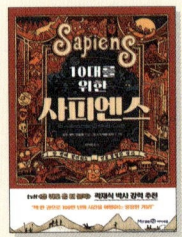

10대를 위한 사피엔스 벵트 에릭 엥홀름 글, 요나 비에른셰르나 그림, 김아영 역 | 미래엔아이세움 | 2021

인류의 시작부터 인공지능 시대인 현재까지의 모습을 이 한 권에 담았어요. 우리가 겪은 여러 혁명과 종교, 정치와의 관련성을 잘 보여 주며, 끊임없이 진화한 인류의 역사를 10대들도 쉽고 재미있게 읽을 수 있도록 정리했어요.

라온쌤 뉴스 제40호   키워드 인공지능, 기술 발전

인공지능과 과학 기술이 바꿀 우리의 삶

인공지능(AI)의 시대가 시작되었다. 인공지능은 사람처럼 생각하고 배울 수 있는 컴퓨터 프로그램으로, 교육과 직업 그리고 일상생활까지 깊숙이 파고들고 있다.

2022년에는 챗GPT라는 AI 프로그램이 등장하여 많은 사람이 인공지능의 놀라운 능력을 경험했다. 또 일론 머스크가 운영하는 '뉴럴 링크'라는 회사에서 사람의 뇌에 직접 전자장치를 설치하는 데 성공했다. 이 장치는 1,024개의 아주 가느다란 바늘을 뇌에 **삽입**하여 전기 신호를 주고받는 기술로, 이 기술을 사용하면 생각만으로 컴퓨터나 전자 장비를 조작할 수 있고, 이를 통해 외부와 소통할 수도 있다. 이 기술은 특히 팔다리를 움직일 수 없는 환자나 뇌 손상을 입은 사람들에게 큰 희망이 될 것으로 기대된다. 2024년 8월, 뉴럴 링크는 두 번째 환자의 머리에 컴퓨터 칩을 성공적으로 **이식**했다고 밝혔다.

또 한편에서는 뇌와 직접 연결되는 기기인 만큼 **해킹**으로 인해 자기 생각이나 감정이 원치 않게 유출될 수도 있음을 염려하며, 개인정보가 더욱 중요해지는 세상이 올 것을 강조한다.

이처럼 인공지능과 뇌 연결 기술은 많은 가능성을 보여 주지만, 동시에 우리가 신중히 생각해야 할 문제들도 있다. 앞으로 이런 기술이 어떻게 발전하고, 우리 생활에 어떠한 영향을 미칠지 관심을 갖고 지켜 보는 것이 중요하다.

어휘 톡톡

- **삽입** 틈이나 구멍 사이에 다른 물체를 끼워 넣음
- **이식** 살아 있는 조직이나 장기를 생체로부터 떼어 내어 다른 위치에 옮겨 붙이는 일
- **해킹** 다른 사람의 컴퓨터 시스템에 무단으로 침입하여 데이터와 프로그램을 없애거나 망치는 일

《10대를 위한 사피엔스》는 어떤 책일까?

'인지 혁명' 이후 사람들은 어떻게 변화했나요?

'농업 혁명'으로 인해 사람들의 삶에 가져온 변화는 무엇인가요?

기사를 읽은 후에 알게 된 것은?

'인공지능(AI)'이란 무엇인가요?

'뉴럴 링크'에서 성공한 뇌 실험은 어떤 사람들에게 도움이 될 것으로 기대되나요?

 책과 기사를 읽은 후 하고 싶은 말

'뉴럴 링크'의 발전된 기술은 우리에게 많은 가능성을 열어 주지만, 반대로 경계해야 할 부분도 있어요. 뇌와 전자 기기를 연결한 기술의 위험한 점에 관해 써 보세요.

 내 안의 생각 끌어내기

여러분은 부모님과 함께 인공지능을 사용해 본 적이 있나요?
어떤 일로 사용했고, 어떤 편리함이 있었는지 자세히 써 보세요.

 라온쌤의 책 속으로

　처음에는 어떻게 이 한 권 안에 인류의 역사를 잘 풀어냈을까 의구심이 들었어요. 인류가 지나온 과정은 절대 간단하지 않으며, 인류의 모든 기록인 세계사를 하룻밤 만에 읽을 수는 없으니까요. 그런데 한 장 한 장 넘길 때마다 감탄할 수밖에 없었어요. 지금 우리가 살아가는 모습과 주변을 둘러싼 것들, 과학·정치·문화 등이 어떻게 형성되었는지를 차분히 잘 설명해 주었거든요. 마지막에는 우리 인류가 앞으로 해야 할 일과 과제에 대해 말해요. 인류가 지나온 과정과 앞으로 갈 길에 대해 곰곰이 생각하는 기회가 될 거예요.

6장
인물
Book & News

> 인물책은 왜 읽어야 할까요?

인물들의 선택으로 배우는 삶의 지혜

어릴 때 위인전을 읽거나 읽어야 한다는 말을 들어본 적 있나요? 선생님이 친구들에게 위인전을 읽는 이유를 물어보면 대체로 "본받기 위해서"라고 답해요. 책에 소개되는 인물은 분명 시대와 사회에 큰 영향을 주었기 때문에 배울 점이 있을 거예요. 하지만 시대와 사람들의 인식이 변하면서 인물이 재평가되는 경우도 종종 있지요. 선생님은 그래서 '위인'이라는 단어 대신 '인물'이라는 표현을 사용해요. 분명 우리 사회에 영향을 준 사람이니 그의 생애를 주의 깊게 살펴보되, 섣불리 위인으로 단정하지 않아요. '위인'이라는 단어는 지나치게 훌륭한 면만 부각하거나 영웅화하기 쉽기 때문에 오히려 인물의 일생을 객관적으로 바라보는 데 방해가 될 수 있어요.

우리가 인물 이야기를 읽는 이유는 그가 한 일이 당시 시대와 연결되어 있기 때문이에요. 예를 들어, 경주 최 부잣집 사람들이 가난한 사람을 돕고 독립운동에 힘쓴 것은 그들의 삶이 일제 강점기의 어렵고 힘든 시대와 맞물려 있다는 걸 보여 줘요. 이런 인물 이야기를 읽으면 당시의 시대상과 사회적 맥락을 더 잘 이해할 수 있어요.

또한, 어떤 인물의 성취를 보면 감동과 함께 여러분이 살아갈 동기와 활력을 얻기도 해요. 이 책에는 다루지 않았지만 선생님은 동물학자 제인 구달을 개인적으로 좋아해요. 그녀가 침팬지 연구에 평생을 바친 헌신적인 모습을 보면 심장이 두근거리고, 무언가에 몰입해 연구하는 모습에서는 일의 가치를 깨닫게 되거든요.

사람이 하는 일은 보통 그 사람의 가치관과 연결되어 있어요. 사람은 가치관에 따라 생각하고 판단하며 행동하니까요. 반대로 생각하면, 인물 이야기를 많이 읽으면 다양한 가치관을 만나게 된다는 뜻이에요. 다른 인물의 생애를 읽으며, 그들의 가치관이 여러분의 삶에 어떤 영향을 줄지 깊이 생각해 볼 수 있답니다.

 마지막으로, 인물은 항상 어떤 욕구에 의해 움직이는 존재예요. 인물이 평생 무언가에 몰입하고 노력하며, 그 일을 이루기 위해 애쓴 과정을 읽다 보면 인간의 복잡한 감정에 대한 이해도 높아져요. 이와 함께 우리 삶의 방향을 설정하거나 자신감을 얻는 데도 큰 도움을 받을 수 있어요.

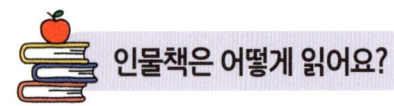 **인물책은 어떻게 읽어요?**

　인물 이야기는 단순히 그들의 삶을 아는 것을 넘어, 그들의 행동과 가치관을 통해 우리의 모습과 사회를 이해할 수 있는 기회를 제공해요. 책 속 인물들의 생애와 선택을 따라가다 보면, 그들의 강점과 약점을 발견하고 나의 생각과 비교해 보는 재미도 느낄 수 있어요. 다음은 인물 이야기를 더 흥미롭게 읽을 수 있는 다섯 가지 방법이에요.

1. 인물의 생애 이해하기
인물 이야기를 읽을 때는 인물의 생애 자체를 객관적으로 이해하는 것이 중요해요. 판단이나 평가를 하기 전에, 그가 어떤 삶을 살았는지 먼저 살펴 보세요. 연대표를 그려 인물의 중요한 사건을 정리하거나, 그 인물이 된 것처럼 이력서를 써 보는 활동도 흥미롭고 유익하답니다.

2. 인물이 살던 시대 이해하기
모든 사람은 자신이 살던 시대의 영향을 받으며 살아가요. 인물이 했던 일들은 당시 시대 상황과 배경과 밀접한 관계가 있지요. 책의 내용을 더 잘 이해하려면, 인물이 살던 시대의 환경을 조사하거나 책에 실린 부록과 참고자료를 활용해 시대 배경을 미리 확인하는 것이 좋아요.

3. 인물의 강점 찾아보기
모든 사람에게는 각자의 강점이 있습니다. 다정함, 인내심, 꾸준함, 용기, 지혜, 통찰력 같은 것들이지요. 인물 이야기를 읽다 보면, 그가 가진 강점이나 장점을 발견할 수 있어요. 특히, 가장 강력하다고 생각되는 강점 한 가지를 선택하고, 그것이 드러난 구체적인 행동이나 사건들을 함께 정리해 보세요. 이렇게 하면 인물의 삶을 더 깊이 이해할 수 있답니다.

4. 인물의 가치관 생각하기

사람은 누구나 자신의 가치관에 따라 생각하고 행동해요. 인물 이야기를 읽으면서, 그가 어떤 가치관을 바탕으로 행동했는지 추측해 보세요. 이러한 부분은 보통 책에 명확히 드러나 있지 않기 때문에 여러분이 추측하고 상상하는 과정이 필요합니다.

5. 나에게 준 영향 생각하기

해당 인물이 나에게 어떤 영향을 주었는지 생각해 보세요. 이는 단순히 배울 점만을 의미하지 않아요. 오히려 배우지 말아야 할 점도 생각할 수 있답니다. 인물을 통해 얻은 통찰이나 생각의 변화를 떠올리면, 그들의 생애뿐만 아니라 우리 자신의 삶에 대해서도 진지하게 고민할 기회를 얻게 돼요.

인물 | 하루 한 장 초등 필독서

교과 연계 : 5-1 국어_마음을 나누며 대화해요   난이도 ★★★☆☆

아픈 몸으로 좋은 작품을 남기고 떠난 권정생

권정생 선생님은 우리가 앞 장에서 살펴본 책인 《몽실 언니》를 쓰신 작가예요. 그 책을 통해 선생님의 작품을 알아봤다면, 이번 책으로는 작가인 권정생 선생의 삶을 좀 더 깊이 들여다볼 수 있어요.

일본 도쿄의 빈민가에서 태어난 그는 가난한 청소부의 아들로 자랐다고 해요. 하지만 마음만큼은 가난하지 않았어요. 누나들에게 예수의 이야기를 들은 후 예수를 마음에 품고, 아버지가 주워 온 동화책을 읽으며 문학을 알게 되었어요.

광복 후 우리나라로 귀국했지만, 가난은 여전히 선생님을 떠나지 않았어요. 가난 때문에 중학교도 들어가지 못하고 일을 시작해야 했지요. 일하다가 결핵이 생겼지만, 제때 치료를 받지 못해 온몸에 병이 생깁니다.

이런 상황에 부모님마저 차례로 세상을 떠나고, 집도 없고 기댈 곳도 없어진 선생님은 경상북도 안동에 있는 '일직교회'에 딸린 토담집에서 기거하며 종지기(종을 치거나 지키는 사람)를 하며 살아요. 그런 팍팍한 삶의 고생 속에서 여러 동화를 쓰기 시작했지요. 대표적인 책으로 《강아지 똥》, 《몽실 언니》가 있어요. 이후 아동문학가 '이오덕'과 편지를 주고받으며 우정을 나누었어요.

문학은 나를 지탱해 주는 힘!

아픈 몸을 지탱하기 위해서라도 계속 글을 쓴 그는 친구와 스승을 하나둘 떠나보냈고, 그 역시 일흔 살의 나이로 세상을 떠났습니다.

이토록 아름다운 권정생 이야기 정지아 글, 박정은 그림 | 마이디어북스 | 2024

낮은 곳에 머물며 낮은 곳에 있는 모든 존재를 사랑하고, 이를 작품에 담아낸 권정생 작가의 일대기를 담은 전기문이에요. 소설가 정지아가 차분하게 그의 삶을 담아내어 잔잔하면서도 강한 울림을 느낄 수 있어요.

라온쌤 뉴스 제41호   키워드 오프라 윈프리, 꿈

가난을 이겨내고 꿈을 이룬 오프라 윈프리

오프라 윈프리는 미국에서 가장 유명한 방송인이자, 세계에서 가장 영향력 있는 여성 중 한 명이다. 오프라 윈프리는 1954년 미국 미시시피주에서 태어났는데, 옷을 직접 만들어 입어야 할 정도로 집안이 매우 가난했으며, 어린 시절 가정 폭력을 겪기도 했다. 하지만 그녀는 학교에서 열심히 공부하고 책도 많이 읽었으며, 발표나 연극 같은 활동을 통해 사람들 앞에서 말하는 것을 좋아했다. 이러한 경험은 그녀가 방송인이 되는 데 큰 영향을 주었다고 한다.

꿈을 크게 갖고 자신만의 미래를 만들어 가던 오프라 윈프리는 작은 지역 방송국에서 일할 기회를 얻었다. 자신의 목소리로 사람들을 즐겁고 행복하게 해주며 응원을 전하고 싶었던 그녀는 사람들의 이야기에 진심으로 귀를 기울여 공감하는 태도로 대화했다. 그녀의 진솔한 이야기는 많은 사람에게 감동을 주었고, 결국 자신의 이름을 내건 쇼인 〈오프라 윈프리 쇼〉를 맡아 진행하게 되었다. 이 프로그램은 전 세계적으로 사랑받았고, 25년간이나 방영되었다.

오늘날 오프라 윈프리는 전 세계 많은 사람에게 희망을 주는 인물이 되었다. 여전히 그녀는 가난과 차별을 극복하며, 어려운 이웃을 돕는 여러 사회 활동을 이어가고 있다.

미래는 자신이 만들어가는 거예요.

🔍 어휘 톡톡

- **영향력** 어떤 사물의 효과나 작용이 다른 것에 미치는 힘
- **방영** 뉴스, 드라마, 예능 따위의 프로그램을 텔레비전 화면으로 내보냄

 《이토록 아름다운 권정생 이야기》는 어떤 책일까?

권정생 선생의 어린 시절은 어땠나요?

권정생 선생이 '일직 교회'에 딸린 토담집에서 기거하며 한 일은 무엇인가요?

기사를 읽은 후에 알게 된 것은?

오프라 윈프리는 어떤 환경에서 자랐나요?

오프라 윈프리가 방송을 통해 사람들에게 전하고 싶은 것은 무엇인가요?

 **책과 기사를 읽은 후 하고 싶은 말**

권정생 선생과 오프라 윈프리 모두 가난과 질병 등 어려움을 극복하고 꿈을 이루었어요.
이처럼 꿈을 이루기 위해 노력하는 사람들은 어떤 공통점이 있을까요?

 **내 안의 생각 끌어내기**

여러분은 어떠한 어려움이 있더라도 이루고 싶은 꿈이 있나요?
그 꿈을 위해 지금 당장 실천할 수 있는 노력은 무엇인가요?

 **라온쌤의 책 속으로**

　선생님이 중학교에 다닐 때, 국어 교과서에 동화 《몽실 언니》의 일부 내용이 실렸어요. 나중에 전문을 읽고 나서 한국 전쟁을 겪은 우리 주변의 수많은 몽실이 너무도 안쓰러워 눈물을 흘렸답니다. 작품을 통해 만난 권정생 선생의 삶은 참으로 고달픔 그 자체였어요. 전쟁을 겪고, 가난에, 무엇보다 결핵으로 늘 아파했지요. 선생의 책이 알려지며 돌아가실 때는 적지 않은 돈이 통장에 있었는데, 모두 어린이를 위해 써 달라는 유언을 남겼다고 해요. 권정생 선생의 이야기는 우리가 살면서 무엇을 귀하게 여기면 좋을지 생각해 볼 기회가 될 거예요.

인물 하루 한 장 초등 필독서

교과 연계 : 6-1 도덕_작은 손길이 모여 따뜻해지는 세상   난이도 ★★☆☆☆

대대로 선행을 이어온
진정한 부자, 경주 최 부잣집

경주 최 부잣집은 조선 시대, 경주 최씨 가문으로 17세기 초반부터 20세기 중반까지 약 300년간 부를 이어온 집안이에요. 12대를 이어가는 동안 대대손손 집안의 가훈을 지키며 부를 쌓아갔는데, 이를 다른 사람들을 위해 기부하며 선행한 것으로 유명해요.

1대 최진립은 집으로 쳐들어온 왜군을 무찔러 싸운 의병이었어요. 하지만 연달아 전쟁터에서 싸우다 돌아가시고 말았지요. 아버지 최진립이 죽고, 아들인 최동량은 아버지의 살아생전 글을 모으느라 집을 돌보지는 못했어요. 대신 땅에서 나는 수확물의 반은 소작농에게 주는 '병작반수제'를 실시해 인망을 모았어요.

3대째인 최국선은 농사짓는 일손을 줄이고 더 많이 수확해 가정을 부유하게 이끌었어요. 마을의 가난이 극심해지자 곳간을 열어 곡식을 나누어 주었는데, 담보로 집문서나 땅문서를 받지 않고 빌려 주었다고 해요.

형제들보다 유난히 많은 재물을 모았지만, 벼슬은 얻지 못한 최의기는 이를 공평함이라 받아들여 시기하지 않고 맘 편히 지냈다고 합니다. 또 자식들에게도 1만 석 이상 모으지 말라며 욕심을 버리라고 가르쳤어요.

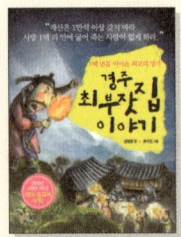

"가난한 사람들에게 나누어 주어라!"

이후 최기영, 최현식, 최준에 이르기까지 남을 돕는 것은 물론, 나라가 일본에 빼앗겼을 때는 독립운동을 하는 등 대대로 선행을 하여 진정한 '노블레스 오블리주'의 정신을 실천했어요.

경주 최 부잣집 이야기
심현정 글, 송수연 그림 | 느낌이있는책 | 2010

세계 역사를 통틀어서 3백 년이나 부를 유지한 유일한 가문인 경주 최 부잣집에 관한 이야기예요. 진정한 노블리스 오블리주를 실천한 최 부잣집의 첫 가문부터 12대까지 각각의 가문이 했던 일을 차례로 알려 주며, 그 집안의 자녀들이 배웠던 부자가 되는 비밀과 부자로서 사는 법에 관한 내용들을 다루었어요.

라온쌤 뉴스 제42호   키워드 기부, 행복

전 재산을 기부한 홍콩 스타

나누는 기쁨은 나누어 본 사람만 알지요.

홍콩의 세계적인 스타가 소박하고 진솔한 삶으로 많은 이에게 감동을 주었다. 그는 평소 대중교통을 이용하고 명품 대신 할인 매장에서 쇼핑하는 등 검소한 생활을 이어가고 있다. 얼마 전에 전 재산인 56억 홍콩달러, 우리 돈으로 약 8000억 원을 사회에 환원하며 더욱 화제를 모았다.

그는 "돈은 행복의 원천이 아니다"라며 자신의 소신을 밝히고, "돈은 내 것이 아니라 내가 잠시 보관하고 있을 뿐"이라며 검소한 삶의 철학을 전했다. 자신이 편안하면 그것으로 충분하다는 그의 말은 많은 사람에게 깊은 울림을 주었다. 이러한 행보에 대해 팬들은 진정한 노블레스 오블리주를 실천하는 스타라며 아낌없는 찬사를 보내고 있다.

노블레스 오블리주(noblesse oblige)는 '귀족은 의무를 갖는다'라는 뜻의 프랑스어로, 사회 지도층이나 부유한 사람들이 부와 권력, 그리고 명성을 사회에 대한 책임으로 삼아 솔선수범해야 한다는 뜻이다.

지금 우리 사회는 이런 원칙이 잘 지켜지고 있을까? 최근 부유한 사람이 다른 사람을 더 돕지 않는다는 통계가 나왔다. 기부의 총량이 줄어들지는 않았지만, 예전보다 600만 원 이상 버는 가구의 1인당 기부금은 줄어들고, 그보다 적게 버는 가구의 기부액이 더 증가했다. 결국 우리 사회에서는 소득이 높다고, 그것을 사회에 돌려주려는 인식은 희미하다고 볼 수 있다. 사회적으로 좀 더 잘사는 사람들, 소득이 높은 사람들이 어떤 사회적 책임을 지녀야 할지 깊이 생각해 볼 문제이다.

어휘 톡톡

- **명성** 일이나 사물의 가치를 다시 들추어 살펴봄
- **솔선수범** 남보다 앞장서서 행동해서 몸소 다른 사람의 본보기가 됨

 《경주 최 부잣집 이야기》는 어떤 책일까?

경주 최 부잣집을 오늘날까지 많은 사람이 존경하는 이유는 무엇인가요?

3대인 최국선이 한 일은 무엇인가요?

기사를 읽은 후에 알게 된 것은?

'노블레스 오블리주'란 무슨 뜻일까요?

기사에 나온 홍콩의 스타가 사람들에게 찬사를 받는 이유는 무엇인가요?

 **책과 기사를 읽은 후 하고 싶은 말**

부자나 사회지도층은 꼭 모범적인 행동이나 기부를 해야 할까요?
이에 대한 여러분의 생각을 써 보세요.

 **내 안의 생각 끌어내기**

여러분이 부자가 되었다고 상상해 보세요. 부자가 되면 어떻게 살고 싶은지,
또 자기 재산을 어려운 사람을 위해 나눌 수 있는지에 대해 써 보세요.

부자는 삼대를 넘기기 힘들다는 말이 있어요. 부를 이룬 첫 세대는 고생 끝에 이룬 재산을 잘 관리할 수 있지만, 대를 넘어갈수록 물려받은 재산을 함부로 사용할 수도 있고, 사회나 경제적 상황이 변해 부를 유지하기 힘들기 때문이에요. 그런데 경주 최 부잣집은 오랫동안 가세를 유지한 것은 물론이고, 가진 것을 남을 위해 베푼 집안이에요. 그래서 지금까지도 많은 사람이 존경해요. 마을이 가난해지자 곳간을 열어둔 일, '육훈'이라는 행동 양식을 가훈으로 하여 엄격히 부와 나눔을 실천한 최 부잣집의 이야기를 읽고, 부자가 된다는 것의 의미, 부자의 역할에 대해 생각해 보길 바라요.

인물 하루 한 장 초등 필독서

교과 연계 : 5-1 사회_인권을 존중하는 삶 | 6-1 도덕_작은 손길이 모여 따뜻해지는 세상   난이도 ★★☆☆☆

아프리카 사람들의 희망 이태석 신부

어려운 사람들에게 큰 힘이 되어 주고 싶어요.

　이태석 신부는 안정된 삶과 의사라는 보장된 직업을 포기하고 서른일곱의 나이에 신부가 되었어요. 그리고 아프리카의 수단으로 가서 가난한 사람들을 위해 일생을 바쳤지요. 이 책에는 그가 수단에서 한 일들이 자세히 나와 있어요.

　가난한 집안에서 태어난 그는 가난 때문에 하고 싶은 것을 마음대로 하지 못했어요. 그런데도 고운 성품을 가지고 있어 거지의 옷을 꿰매어 주기도 했지요. 1991년에 살레시오회에 입회했고, 2001년에 사제가 되었어요. 그리고 바로 아프리카로 떠납니다.

　아프리카 수단에서도 톤즈라는 곳은 수십 년간 내전이 벌어져 환경이 매우 열악했어요. 허물어진 의료원 속 치료 용품에는 먼지가 쌓여 있었지요. 전기가 없어 태양열로 냉장고를 가동해 약을 보관하고, 시멘트 대신 흙으로 벽돌을 만들어 진료실을 세웠어요.

　이태석 신부는 한센병 환자들에게는 신발을 만들어 직접 신겨 주는 등 다정한 선생님이었어요. 게다가 밴드를 만들어 톤즈 아이들에게 악기와 노래를 가르치기도 했지요.

　이렇게 이태석 신부님은 그들을 위해 헌신했지만, 어느 날 몸에 이상을 느끼고 한국으로 돌아와 건강 검진을 받아요. 결국 암을 선고받은 그는 끝내 아프리카로 돌아가지 못하고 생을 마감해요. 그의 삶을 통해 우리는 사랑과 헌신으로 살아가는 태도가 세상을 얼마나 더 아름답고 행복하게 만드는지를 느낄 수 있어요.

이태석, 낮은 곳에서 진정으로 나눔을 실천하다　채빈 글, 김윤정 그림 | 깊은나무 | 2020

아프리카 수단에 가서 그들에게 공부, 음악을 가르치고 아픈 이를 치료하며 평생을 헌신한 이태석 신부의 이야기예요. 그의 생애뿐만 아니라 그의 선행의 결과도 담아 더욱 흥미로워요.

라온쌤 뉴스 제43호　　　　　　　　　　　　　　　키워드 의료 파업, 의사

장기화하는 의료 파업, 피해는 환자의 몫

전공의들의 진료 거부에 이어 의대 교수들까지 사직서를 낸다는 소식에 의료계가 시끄럽다. 정부가 2035년까지 의대 입학생을 늘리겠다고 발표했기 때문이다.

의사들은 '의료 수가(의사가 환자를 치료한 뒤 받는 돈)'의 인상도 필요하고, 위험한 수술을 하는 전공의들이 의료 사고로 소송을 당하기 쉬운 문제를 들어 의료 환경을 개선해야 한다고 말한다. 정부는 의사 수를 늘리는 것에만 중점을 두지만, 의사들은 의료 환경을 개선하는 것이 먼저라고 주장한다. 결국, 의사들과 정부가 서로 합의를 할 문제이지만, 번번이 합의에 성공하지 못하고 있다.

의료 공백이 길어지자 정부는 돌아가신 이태석 신부의 헌신적인 삶을 이야기하며, 의사들에게 다시 진료를 시작할 것을 요청하고 있다. 파업 때문에 환자들이 진료받지 못하고, 수술도 미루어져 생명의 위협을 받고 있다며, 의사로서의 본분을 다시 생각해 보기를 권한 것이다.

그러나 파업은 점차 장기화되면서 생명의 위협을 받는 환자들이 늘고 있다. 정부는 대화를 통해 문제를 해결하겠다고 밝혔지만, 갈등이 점점 깊어지면서 의료계와 정부 간의 신뢰 회복이 시급한 과제로 떠오르고 있다.

시민들은 의료 파업이 하루빨리 끝나기를 기대해요!

어휘 톡톡

- **사직서** 회사를 그만둘 때 내는 서류
- **합의** 서로 의견이 일치함. 또는 그 의견

 《이태석, 낮은 곳에서 진정으로 나눔을 실천하다》는 어떤 책일까?

아프리카로 떠나기 전 이태석 신부의 삶은 어땠나요?

이태석 신부가 아프리카 수단에 가서 한 일은 무엇인가요?

기사를 읽은 후에 알게 된 것은?

최근 의사들이 파업을 하는 이유는 무엇인가요?

기사에서 의사들이 정부에 요구하고 있는 구체적 내용은 무엇인가요?

 **책과 기사를 읽은 후 하고 싶은 말**

의사가 되고자 한다면, 어떤 자질을 갖추어야 할까요? 의사에게 가장 필요한 자질 및 소양에 대해 그 이유와 함께 써 보세요. (정직, 지혜, 겸손, 용기, 나눔, 열정, 진실 등)

 **내 안의 생각 끌어내기**

이태석 신부님처럼 다른 사람을 돕는 사람이 되려면 여러분은 지금 어떤 노력이 필요할까요? 자신이 할 수 있는 작은 실천을 써 보세요.

    이태석 신부를 추모하기 위해 〈울지마 톤즈〉라는 영화가 두 편이나 만들어졌고, 여러 방송에서 수단 사람들을 위해 생을 바친 그의 삶을 조명하곤 했어요. 톤즈는 매우 가난하고 희망이 없는 지역이었어요. 오랜 내전과 가난으로 지금도 사람들이 굶어죽어요. 그런 곳에서 사제이자 의사, 교육자, 음악가로 다양한 재능을 베푼 그의 삶은 지금도 많은 이에게 본보기가 되고 있지요.

    신부님을 존경해 의사가 되기 위해 한국에 온 톤즈 청년이 있을 정도로 그는 그들에게 희망이자 우상이었어요. 선생님은 이 책을 읽을 때마다 이태석 신부의 숭고함에 고개가 숙여져요.

교과 연계 : 사회 4-1_우리 지역의 국가 유산   난이도 ★★★☆☆

우리 문화재를 지키려 노력한 간송 전형필

우리 문화재를 절대 빼앗길 수 없어!

간송 전형필 선생은 문화재 수집가예요. 하지만 처음부터 문화재에 관심이 있던 것은 아니에요. 명문가에서 태어나 "나라 잃은 백성을 도와주는 변호사가 되어라"라는 아버지의 말에 따라 법을 공부했지만, 스승 오세창으로부터 문화재란 공유하는 사람들의 주체성과 정신적 가치가 깃든 유산, 우리 민족의 정신이 함축된 유산이라는 것을 배우지요.

그는 '한남서림'이라는 옛날 그림이나 글을 모으던 서점을 사들여요. 그리고 이 장소를 통해 수많은 문화유산을 모으기 시작해요. 일본인 거상 토미타의 손에 넘어가 있던 혜원 신윤복의 화첩 〈혜원전신첩〉을 찾아오기도 하고, 당시에는 큰돈인 2만 원이라는 거금을 주고 우리 문화재 '청자상감운학문매병'을 찾아오기도 했어요. 나아가 우리 문화재를 보호하기 위해 보화각을 세운 후, 일본인이 훔쳐간 석조 유물을 되찾아 보화각 뜰을 채우고 싶다고도 했어요.

전형필 선생은 단지 문화재 보호에만 힘쓰지 않았어요. 막대한 자금을 들여 보성학교를 인수한 것은, 일제의 우민화 정책에 맞서 우리 후손을 교육하고, 우리 문화를 계승할 인재를 길러내겠다는 뜻에서였어요. 평생 문화재를 지키고 찾는 일에 헌신하면서도, 예술 앞에서는 늘 겸손했던 분이었습니다.

간송 선생님이 다시 찾은 우리 문화유산 이야기 한상남 글, 김동성 그림 | 샘터 | 2005

서울 성북동에 가면 간송 미술관이 있어요. 그 미술관이 세워지기까지 우리 문화재를 찾고 지키기 위해 애쓴 간송 전형필 선생의 이야기예요.

라온쌤 뉴스 제 44호   키워드 문화재, 환수

일본의 국보가 된 우리 문화재

최근 일본에 있는 한국 문화유산 3점이 일본 국보로 지정된 사실이 확인되었다. 이 중 하나인 '이도다완'은 조선 시대의 다도용 다완이다. 다완은 차를 마실 때 쓰는 그릇을 말한다. '연지사종'은 통일신라 시기에 제작된 절의 종이며, '고려국금자대장경'은 불교 경전이다. 특히 '연지사종'은 임진왜란 때 일본에 의해 약탈된 것으로, 문화재청은 2013년부터 환수를 추진하고 있었으나 12년째 아무런 변화가 없는 상황이다. 관련 기관은 '연지사종'이 있는 일본 후쿠이현의 죠구 신사 측과 꾸준히 소통하며 반환을 요청하고 있지만, 여전히 진행되지 않고 있다.

현재 한국에서 해외로 반출된 문화유산은 총 24만 6304점이며, 이 중 10만 9,801점이 일본에 있다. 한 의원은 문화재 환수 정책을 다시 점검한 후 고칠 것이 있다면 고쳐야 한다고 강조했다. 문화유산을 불법적으로 가져간 증거를 찾기 위해서 연구해야 하고, 그 일을 위한 예산도 확보해야 한다고 주장했다. 일본이 불법으로 문화재를 약탈했음을 증명할 수 있으면 해당 문화재를 돌려받을 수 있기 때문이다. 그는 문화재 환수를 위해 우리나라의 더욱 적극적인 대응이 필요하다고 덧붙였다.

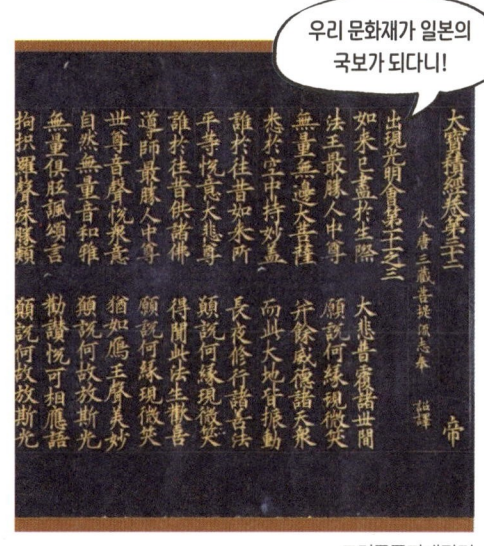

우리 문화재가 일본의 국보가 되다니!

고려국금자대장경

어휘 톡톡

- **경전** 종교의 교리를 기록한 책
- **환수** 도로 거두어들임
- **반출** 상품 등의 물건을 다른 곳으로 실어내는 일

《간송 선생님이 다시 찾은 우리 문화유산 이야기》는 어떤 책일까?

스승 오세창은 간송 전형필 선생에게 문화재가 무엇이라고 가르쳐 주었나요?

간송 전형필 선생이 문화재 환수를 위해 한 일은 무엇인가요?

기사를 읽은 후에 알게 된 것은?

최근 일본 국보가 된 문화유산 3점의 이름을 모두 써 보세요.

일본이 문화재를 불법으로 약탈해 갔음을 증명해야 하는 이유는 무엇인가요?

 **책과 기사를 읽은 후 하고 싶은 말**

불법적으로 해외로 나간 우리 문화재를 다시 돌려받기 위해 정부와 시민들이 할 수 있는 일이 무엇인지 써 보세요.

 **내 안의 생각 끌어내기**

해외의 여러 나라 사람에게 한국의 문화유산을 알리기 위한 방법을 2~3가지 떠올려 보고, 그 중 가장 좋다고 생각하는 방법을 그 이유와 함께 써 보세요.

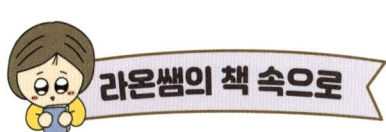 **라온쌤의 책 속으로**

자신의 일생과 재산을 다 바쳐 문화재를 수집하고 지킨다는 것은 과연 어떤 의미일까요? 간송 전형필 선생은 문화재 수집가로 평생을 살았으며 이 책은 그 과정을 여실히 보여 줘요. 그는 우리 문화재가 일본인 손에 넘어가는 것을 막기 위해 부단히 애를 썼어요. 무엇보다 그가 일본에 빼앗긴 문화유산을 찾으려고 애쓴 것은 일제에 항거하는 의지가 있었기 때문이었지요. 일본인은 문화유산을 그저 물질적 가치로만 따졌어요. 그러면 그 문화유산에 담긴 의미나 가치, 우리 민족정신 자체가 훼손될 수 있어요. 이 책을 통해 우리 문화유산을 지킨다는 것의 의미에 대해 깊이 생각해 보세요.

교과 연계 : 5-1 사회_인권 보장을 위한 노력 알아보기   난이도 ★★★☆☆

열정의 삶을 보여 준 헬렌 켈러

헬렌 켈러는 1880년 6월 27일 미국의 앨라배마에서 태어난 작가이자 사업가예요. 세계 최초로 대학 교육을 받은 청각 장애인이기도 하지요.

그녀는 태어나서 19개월이 되었을 때 뇌척수막염을 앓고 말아요. 그래서 말하지도, 보지도, 듣지도 못하는 상태가 되었어요. 갑자기 캄캄한 세상 속에 놓이자 어린 헬렌은 난폭해지고, 그런 헬렌을 염려한 헬렌의 부모님은 설리번 선생님을 모셔 옵니다.

그 후 헬렌은 설리번 선생님과 평생을 같이해요. 그녀에게 말을 배우고, 앉아서 밥을 얌전히 먹는 등의 기본적인 교육도 받았어요. '퍼킨스 시각장애 학교'를 지나 '래드클리프 대학'에 입학할 때까지 설리번 선생님은 늘 헬렌의 곁에서 손발이 되어 주었지요.

대학을 졸업한 후 헬렌은 다양한 일에 뛰어듭니다. 여성과 장애인 인권을 위해 강연을 다니고, 장애인 복지 사업을 위해서도 일해요. 더 나아가 사회 운동도 했어요. 사회의 문제점을 발견하고 고발하여 더 나은 세상을 만들기 위해 노력했어요.

이 책은 이런 헬렌의 삶을 순차적으로 잘 보여 줘요. 나아가 헬렌이 쓴 수필집 〈사흘만 볼 수 있다면〉의 내용도 담아 세상을 보고 싶어한 그녀의 간절한 마음을 느낄 수 있어요.

> 보이지 않아도 많은 걸 할 수 있단다!

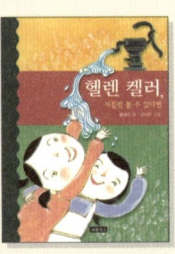

헬렌 켈러, 사흘만 볼 수 있다면 황혜진 글, 김미은 그림 | 보물창고 | 2017

어릴 때 열병을 앓고 난 이후 세 가지 장애를 갖게 된 헬렌이 만약 자신이 3일만 볼 수 있다면 무엇을 하고 싶은지에 대해 아름다운 문장으로 쓴 책이에요.

라온쌤 뉴스 제 45호　　　　　　　　　　　　키워드 장애, 극복

불가능을 극복한 닉 부이치치

장애는 행복과 아무런 상관이 없습니다!

닉 부이치치는 전 세계를 돌며 장애와 함께 살아가는 자신의 삶을 바탕으로 수많은 사람에게 희망과 용기를 주고 있다. 그는 특히 최근 몇 년간 여러 나라에서 동기 부여 연설을 진행하며, 장애가 있는 사람들을 위한 새로운 삶의 비전을 제시해 왔다. 그가 펼친 메시지는 '장애를 극복하다'가 아니라, '장애가 있어도 행복하고 성공할 수 있다'라는 가능성에 관한 이야기다.

닉 부이치치는 어릴 적부터 장애를 겪어야 했다. 태어날 때부터 사지 없이 태어난 그는 아무것도 할 수 없는 존재로 여겨졌다. 하지만 그는 언제나 긍정적인 태도로 삶을 받아들였고, 그것이 그의 가장 큰 힘이 되었다.

닉 부이치치는 고등학교를 졸업하고 대학에서 경제학을 전공한 후, 동기 부여 연설가로서의 길을 걷기 시작했다.

그는 지금까지 60여 개국을 방문하여 "당신의 장애가 당신을 정의하지 않는다"라고 연설하며, 장애가 있는 사람들뿐만 아니라 삶에 지친 수많은 사람에게 희망을 전하고 있다.

그는 《불가능을 가능하게》라는 책도 출간해 자신의 이야기를 전 세계에 알렸다. 닉 부이치치는 자기 한계를 뛰어넘은 사람으로, 세상의 시선을 바꾼 인물로 기억될 것이다.

어휘 톡톡

- **동기** 무언가를 결정하거나 어떤 행동의 직접적인 원인
- **사지** 두 팔과 두 다리

 《헬렌 켈러, 사흘만 볼 수 있다면》은 어떤 책일까?

헬렌 켈러가 장애를 갖게 된 이유는 무엇인가요?

헬렌 켈러가 대학을 졸업 후 한 일은 무엇인가요?

기사를 읽은 후에 알게 된 것은?

닉 부이치치에 대해 간단히 소개해 보세요.

닉 부이치치가 사람들에게 전하는 이야기는 무엇인가요?

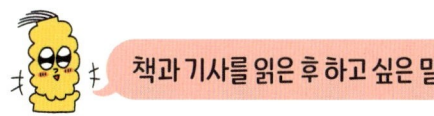 **책과 기사를 읽은 후 하고 싶은 말**

헬렌은 루이브라이가 개발한 점자 덕에 자신이 문자를 읽을 수 있음에 감사했어요.
장애를 가진 사람의 편의를 위해 우리 사회에 더 필요한 시설과 시스템은 무엇인가요?

 **내 안의 생각 끌어내기**

사람은 누구나 자기만의 불편한 점이 한 가지씩은 있기 마련이에요.
여러분에게 불편한 점은 무엇이며, 그것과 어떻게 함께 살아갈지 써 보세요.

 **라온쌤의 책 속으로**

　2009년에 개봉한 〈블랙〉이라는 인도 영화는 헬렌 켈러 이야기를 모티브로 삼았어요. 보지도 듣지도 말하지도 못하는 8세 소녀 미셸과 미셸을 돌보는 사하이 선생님의 눈물겨운 이야기예요. 선생님은 헬렌 켈러 이야기를 읽을 때마다 이 영화가 떠올라요. 헬렌과 미셸의 노력도 대단하지만, 그 곁에서 인내와 노고를 아끼지 않은 '선생님'들을 생각하면 경외심이 들어요. 헬렌 역시 그런 선생님의 희생을 알고 평생 감사했어요. 그녀가 53세에 쓴 수필집 《사흘만 볼 수 있다면》에 보면 그런 마음이 잘 나타나 있어요. 세상을 보게 된다면 첫째 날에는 선생님의 얼굴을 오랫동안 바라보고 싶다고 했거든요.

비폭력 운동의 선구자, 마틴 루터 킹

마틴 루터 킹은 1929년 1월 15일 미국 조지아주 애틀랜타에서 태어났어요. 그의 아버지는 침례교 목사였고, 킹은 어린 시절부터 교회에서 성장하며 영향을 받았지요. 신학 공부를 하던 중, 비폭력 무저항 운동으로 유명한 인도의 독립운동가 마하트마 간디를 알게 되었고 깊이 영향을 받아요.

목사가 된 마틴 루터 킹은 1955년 앨라배마주 몽고메리에서 일어난 '로자 파크스 사건'에 참여하며 본격적으로 인권 운동에 뛰어들어요. '로자 파크스 사건'은 로자 파크스가 버스에서 백인에게 자리를 양보하라는 요구를 거부한 일로, 미국 역사에 큰 영향을 준 사건이에요. 킹 목사는 이 사건으로 시작된 '몽고메리 버스 보이콧 운동'을 이끌며 1년 동안 싸웠고, 결국 대법원이 버스 내 인종 차별을 불법으로 판결하는 성과를 이뤄냈지요. 이 사건을 계기로 마틴 루터 킹은 미국 전역에서 인권 운동을 이끄는 지도자로 떠올랐어요.

1963년 킹 목사는 워싱턴 D.C.에서 열린 대규모 인권 행진에서 '나에게는 꿈이 있습니다(I Have a Dream)'를 연설했어요. 이 연설은 인종 차별 철폐와 평등한 사회를 꿈꾸는 그의 바람을 담고 있었고, 사람들에게 큰 감동을 주며 미국 사회에 많은 영향을 끼쳤지요. 하지만 그의 활동은 수많은 반대에 직면하여 여러 번 체포되고 생명의 위협도 받았어요. 결국, 그는 1968년 4월 4일, 테네시주 멤피스에서 암살되었어요. 그의 생일은 미국의 국가 공휴일로 지정되었고, 많은 이가 여전히 그를 기억하고 있답니다.

평화를 꿈꾼 인권운동가 마틴 루터 킹 권태선 글, 최용호 그림 | 창비 | 2007

흑인 차별에 맞서 인권 운동을 한 마틴 루터 킹의 일대기를 다루었어요. 비폭력 무저항 운동을 하며 흑인들의 인권, 나아가 평등한 미국 사회를 만들고자 끊임없이 행한 일들이 잘 기록되어 있어요.

라온쌤 뉴스 제46호 키워드 인종 차별, 미국

아직도 사라지지 않은 인종 차별

미국에 인종 차별이 여전히 심각한 사회 문제로 남아 있다는 사실이 여러 사건을 통해 드러나고 있다. 최근 한 흑인 남성이 무단횡단 중 경찰에게 붙잡혔는데, 이 과정에서 <mark>과도하게</mark> 힘을 써 흑인 남성을 제압한 경찰 때문에 큰 문제가 발생했다. 이 사건은 많은 사람에게 충격을 주었으며, 경찰의 흑인에 대한 편견과 차별적인 태도가 여전히 남아 있다는 점을 명확히 보여 주었다.

이러한 상황에서 미식축구 선수인 콜린 캐퍼닉은 경찰의 총격으로 흑인이 사망한 사건에 항의하며, 경기장에서 미국 국가가 연주될 때 무릎을 꿇고 일어나지 않았다. 캐퍼닉은 미국에 존재하는 인종 차별에 항의하는 의미로 이 같은 행위를 했다. 그의 용기 있는 행동은 많은 비판과 동시에 지지를 받았으며, 흑인 차별 문제를 다시 한번 세상에 <mark>공론화</mark>하는 계기가 되었다.

미국 사회에서 흑인 차별 문제는 여전히 해결되지 않았다. 이를 해결하기 위해서는 법 집행 과정의 투명성을 강화하고 편견을 줄이기 위한 경찰 교육, 제도적인 변화가 필요하다. 모든 사람은 피부색에 상관없이 동등하게 대우받아야 하며, 더 나은 사회를 만들기 위해 서로를 이해하고 존중하려는 노력이 필요하다.

피부색으로 사람을 차별하는 것을 멈춰요!

어휘 톡톡

- **과도하다** 정도에 지나치다
- **공론화** 여럿이 의논하는 대상이 됨

 **《평화를 꿈꾼 인권운동가 마틴 루터 킹》은 어떤 책일까?**

마틴 루터 킹이 주도한 '몽고메리 버스 보이콧 운동'이 거둔 성과는 무엇인가요?

마틴 루터 킹의 '나에게는 꿈이 있습니다' 연설에 담긴 내용은 무엇인가요?

기사를 읽은 후에 알게 된 것은?

콜린 캐퍼닉이 경기 중 미국 국기에 대한 경례를 거부하고 무릎을 꿇은 이유는 무엇인가요?

기사에서는 미국 사회의 흑인 차별을 해결하기 위해 어떤 변화가 필요하다고 했나요?

 **책과 기사를 읽은 후 하고 싶은 말**

여러분이 인종 차별을 줄이기 위한 캠페인을 만든다면 어떤 이름을 지을지 정해 보세요.
또, 캠페인에서 할 수 있는 활동 두 가지를 구체적으로 써 보세요.

 **내 안의 생각 끌어내기**

마틴 루터 킹과 간디는 폭력 대신 평화적인 방법으로 저항 운동을 했어요. 이처럼 부당한 일을 겪었을 때, 폭력을 쓰지 않고 문제를 해결하는 것이 중요한 이유에 대해 써 보세요.

　　사람이 태어나자마자 바꿀 수 없는 조건 때문에 차별받는 것은 정말 부당해요. 일상 속 차별은 물론, 인생에서 정말 중요한 학업이나 취업 등에서도 불합리한 대우를 받는다면 견딜 수 없을 거예요. 이런 것에 대응하기 위해 많은 이가 저항했고, 마틴 루터 킹도 그중 한 사람입니다. 그가 주장한 저항 운동의 특징은 바로 비폭력이었어요. 그는 폭력을 사용해서는 안 된다며 사람들을 설득했고, 이런 점 때문에 그를 따르는 사람이 더 많아졌다고 생각해요. 비폭력 저항은 폭력을 사용한 저항보다 훨씬 더 오랜 시간과 많은 노력이 필요해요. 마틴 루터 킹이 왜 비폭력으로 인권 운동을 했는지 생각하며 읽어 보세요.

삐삐를 탄생시킨 린드그렌의 이야기

아스트리드 린드그렌은 1907년 스웨덴의 작은 마을에서 태어났어요. 어린 시절부터 책을 좋아했던 그녀는 평범한 농촌 가정에서 자라며 자연 속에서 자유롭게 뛰놀던 경험이 글쓰기에 큰 영향을 미쳤다고 해요. 어른이 된 후, 린드그렌은 회사에서 비서로 일하면서 결혼도 했고 두 아이를 낳았어요.

린드그렌은 딸 카린을 위해 이야기들을 만들어 들려 주기 시작했고, 이렇게 탄생한 이야기가 바로 그녀의 대표작 《내 이름은 삐삐 롱스타킹》이지요. 1945년에 출판된 '삐삐 롱스타킹'은 곧바로 큰 인기를 끌었으며, 린드그렌을 세계적인 작가로 만들어 주었어요. 이 작품은 당시 사람들이 생각하는 성 역할, 권위에 도전하는 내용이었고, 많은 사람의 호응을 받았어요.

린드그렌은 이후에도 《미오, 나의 미오》, 《에밀》 등 수많은 책을 썼어요. 모든 작품이 어린이들에게 꿈과 용기를 주는 것은 물론, 인간에 대한 따뜻한 마음과 자연에 대한 사랑을 일깨워 주는 내용이었지요. 그리고 좀 더 나아가 사람들이 어린이를 이해하고 어린이의 세계를 존중하는 데 큰 역할을 했어요.

그녀는 2002년 94세의 나이로 세상을 떠났지만, 그녀의 작품은 지금까지 전 세계 어린이와 어른들에게 많은 사랑을 받고 있어요.

린드그렌, 삐삐 롱스타킹의 탄생
카트린 하네만 글, 우베 마이어 그림 | 한겨레아이들 | 2012

잘 알려진 캐릭터 '삐삐'를 탄생시킨 스웨덴 동화작가 아스트리드 린드그렌의 삶을 다루었어요. 스웨덴의 한 농가에서 태어나 세계적인 동화작가가 되기까지 린드그렌의 삶은 그 자체가 유머와 생기로 가득했다고 해요.

라온쌤 뉴스 제 47호   키워드 아동 학대 피난처, 편의점

학대 아동을 지켜주는 동네 편의점

한 10세 소녀가 편의점으로 도망쳐 도움을 요청한 사건이 발생했다. 이 소녀는 어머니가 술에 취해 폭력을 행사하자 맨발로 집을 빠져나와 근처 편의점으로 달려갔다. 편의점 직원과 손님은 소녀를 진정시키고 경찰에 신고했으며, 현재 소녀는 아동 보호 센터에서 보호를 받고 있다.

최근 통계에 따르면, 아동 학대 신고 건수는 해마다 증가하고 있으며, 특히 신체적, 정서적 학대 사례가 많다. 가정 내 폭력과 적절한 돌봄을 받지 못하는 ==방임== 상황에서 어린이들이 심각한 피해를 입지만, 이들이 학대 어른을 피해 도움을 요청하거나 신고하는 일은 쉽지 않다.

반면 편의점은 24시간 열려 있고, 우리 주변에 쉽게 찾을 수 있어 어린이들이 도움을 청하기가 수월하다. 이번 사건을 계기로 대전 경찰청은 1,500개의 편의점을 '아동 학대 ==피난처==' 로 지정했다. 또한, 편의점 본사 측은 전국에 있는 약 1만 4,000여 개의 편의점을 학대 아동

24시 편의점이 있어서 안심이에요!

이 언제든 피신할 수 있는 피난처로 확대 운영하기로 했다.

이제 편의점은 학대받는 아이들을 보호할 수 있는 '미니 파출소' 역할을 하며, 편의점 직원들은 학대 아동들을 지켜주는 중요한 지킴이로 활동하게 되었다.

🔍 어휘 톡톡
- **방임** 돌보거나 간섭하지 않고 내버려 둠
- **피난처** 재난을 피하여 머무는 곳

 《린드그렌, 삐삐 롱스타킹의 탄생》은 어떤 책일까?

린드그렌 작가의 글쓰기에 큰 영향을 미친 경험은 무엇인가요?

린드그렌 작가 작품의 공통점은 무엇인가요?

기사를 읽은 후에 알게 된 것은?

기사에서 10세 소녀는 왜 편의점으로 도망을 쳤나요?

대전 경찰청이 편의점을 '아동 학대 피난처'로 지정한 이유는 무엇인가요?

 **책과 기사를 읽은 후 하고 싶은 말**

여전히 우리 사회에 아동을 존중하지 않는 일들이 벌어지고 있어요.
아동의 권리를 높이고 학대를 방지하기 위해 어떤 제도가 필요하다고 생각하나요?

 **내 안의 생각 끌어내기**

린드그렌은 어린이 동화책에도 병, 죽음, 증오 같은 이야기를 담아냈어요. 어린이들도 그런 문제를 소화할 성숙함을 가지고 있다고 믿었거든요. 여러분이 책을 읽으며 가장 어렵다고 느꼈던 주제는 무엇인가요? 그 이유를 자세히 써 보세요.

 **라온쌤의 책 속으로**

    말괄량이 삐삐를 혹시 알고 있나요? 1945년에 쓰인 이야기지만, 지금까지도 TV 드라마나 연극, 영화처럼 다양한 장르에서 볼 수 있어요. 삐삐 캐릭터를 창조한 아스트리드 린드그렌의 전기문 《우리가 이토록 작고 외롭지 않다면》이라는 책을 보면, 그녀가 많은 고난 속에서도 어린이의 마음을 어루만지고 위로하는 글을 썼다는 것을 알 수 있어요. 그녀는 모든 어린이가 최소한 어른과 같은 정서적인 유대를 가져야 안전하게 지낼 수 있다고 말했어요. 인간은 누구나 외롭고 고독한 존재라고도 했지요. 이런 작가의 마음을 헤아리며 이 책을 읽어 보세요.

교과 연계: 5-1 도덕_바르고 희망차게 가꾸어 가는 나의 삶   난이도 ★★★★★

직업을 정하는 것은 사실 어려운 일

알랭 드 보통은 철학자입니다. 이 책에서는 장래 희망을 묻는 어른들의 태도를 비판하면서 직업에 대해 어떤 생각으로 접근해야 하는지 설명하고 있어요. 자신이 좋아하는 것을 알기 힘든 이유, 직업은 무엇인지, 직업의 종류가 많은 이유, 좋은 직업과 나쁜 직업 등 직업에 대해 다양한 측면에서 생각할 수 있게 도와주고 있지요.

오래전 사람들은 대부분 가문의 일을 이어받았기 때문에 사실상 자신이 무얼 하고 싶은지 생각해 볼 겨를이 없었어요. 반면 현대 사회에서는 직업을 정하는 자체가 어려운 일인데 사람들은 그것을 인정하지 않는다고 해요. 그래서 어른들도 너무 쉽게 질문하는 거겠지요.

일하는 대가로 돈을 받는 것이 바로 직업이라는 것, 누군가 해결하고 싶어 하는 것이 있으면 그것이 직업이 된다는 것, 그 직업이 해결하려는 문제가 얼마나 심각한가에 따라 좋은 직업, 나쁜 직업이 결정된다는 것, 월급은 어떻게 결정되는지, 자신이 어떤 일을 할 때 즐거운지 등 직업을 아주 입체적으로 바라보고 천천히 안내해 줍니다. 이야기하는 과정에서 수많은 직업을 예로 들어 보여 주기도 하고, 결국 우리는 직업을 택할 때 어떤 것을 기준으로 삼으면 되는지를 생각하게 된답니다.

뭐가 되고 싶냐는 어른들의 질문에 대답하는 법
알랭 드 보통, 인생학교 지음, 신인수 역 | 미래엔아이세움 | 2021

꿈과 진로에 대한 고민은 자연스러운 것이며, 어른들이 흔히 던지는 장래 희망에 관한 질문을 비판해요. 직업과 진로를 새로운 시각으로 바라볼 수 있게 하며, 어린이가 자신에게 맞는 일을 찾는 여정에서 좀 더 자유롭고 편안한 태도를 갖도록 도와줘요.

라온쌤 뉴스 제 48호 　　　키워드 미래 직업, 직업의 종류

2050년에 새롭게 생길 직업은?

우주에서 식물을 키워야 할지도 몰라요.

지금부터 약 30년 뒤인 2050년, 우리가 상상하지 못했던 새로운 직업들이 등장할 수 있다. 사회와 기술이 빠르게 발전하면서 직업의 종류도 많이 바뀌고 있다. 미래에는 어떤 직업들이 생겨날까?

먼저, 우주 농부라는 직업이 생길 수 있다. 현재 세계 여러 나라가 우주 탐사를 활발히 진행하는데, 우주로 나아가는 기술이 더 발전하면, 인간은 달이나 화성 같은 행성에서 살 수도 있다. 그때는 우리가 먹을 음식을 우주에서 직접 키워야 할지도 모른다. 우주 농부는 이런 환경에서 식물을 키우고, 우리가 먹을 음식을 재배하는 일을 하게 될 것이다.

또 다른 미래 직업으로 기후 복원 전문가가 있다. 온실가스 배출로 인해 점점 나빠지는 지구의 환경을 되돌리기 위해 노력하는 일을 한다. 공기를 깨끗하게 만들고, 사라진 동물들을 다시 보호하는 등 지구를 살리는 중요한 역할을 할 것이다.

디지털 추억 관리사라는 직업도 있다. 지금은 사진이나 영상을 디지털로 저장하는 일이 아주 흔해졌지만, 시간이 지나면서 데이터가 너무 많이 쌓이면 관리가 어려워진다. 디지털 추억 관리사는 사람들이 소중한 추억을 잘 정리하고 보관할 수 있도록 도와주는 일을 한다. 예를 들어, 가족의 소중한 사진들을 분류하거나, 오래된 동영상을 현대 기술로 더 선명하게 만들어 주는 일이다.

이처럼 미래에는 새로운 기술과 사회의 변화에 따라 우리가 상상하지 못했던 직업들이 생길 것이다. 이처럼 직업을 선택할 때는 앞으로의 변화를 예측해 보며 알아보는 것이 중요하다.

🔍 **어휘 톡톡**
- **복원** 원래대로 회복함
- **배출** 안에서 밖으로 밀어 내보냄

 《뭐가 되고 싶냐는 어른들의 질문에 대답하는 법》은 어떤 책일까?

오래전 사람들이 자신의 직업을 따로 생각해 보지 않은 이유는 무엇인가요?

좋은 직업과 나쁜 직업은 무엇에 따라 결정된다고 했나요?

기사를 읽은 후에 알게 된 것은?

미래에 우리가 상상하지 못했던 새로운 직업들이 등장하는 이유는 무엇인가요?

'디지털 추억 관리사'는 어떤 직업인가요?

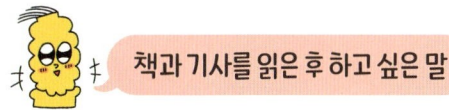 책과 기사를 읽은 후 하고 싶은 말

미래에 어떤 직업이 새로 생길지 자유롭게 상상해 보고, 그 이유를 함께 써 보세요.

 내 안의 생각 끌어내기

급여는 그 일을 하고 싶어 하는 사람이 얼마나 많은지에 따라 결정될 뿐 받는 금액만으로 좋은 직업, 나쁜 직업을 구분할 수는 없다고 해요. 여러분은 직업을 선택할 때 어떤 부분을 가장 중요하게 여길 것인가요?

 라온쌤의 책 속으로

알랭 드 보통은 《불안》이나 《왜 나는 너를 사랑하는가》 같은 책으로 유명한 작가예요. 선생님은 이 책의 제목을 보자마자 참으로 반가웠어요. 선생님도 무심코, 그리고 악의 없이 장래 희망에 대해 질문한 적이 있었거든요. 지금 우리 사회는 초등학교부터 입시만 바라보고 내달리는 분위기예요. 좋은 대학으로 시작해 좋은 직장을 가지고 돈을 많이 벌어 '잘'사는 것만이 목적인 사람이 많기 때문이 아닐까 해요.

여러분이 만약 좋은 직업에 대해 생각해 본 적이 없고, 돈 많이 버는 직업만이 좋은 직업이라고 생각한다면, 이 책은 분명 여러분에게도 통찰을 선물할 거예요.

책과 신문 읽고 쓰는

1판 1쇄 인쇄 2025년 2월 7일
1판 1쇄 발행 2025년 2월 14일

글 오현선
그림 퍼넛
발행인 김형준

기획 김아롬
책임편집 박시현, 허양기
디자인 design ko
온라인 홍보 허한아
마케팅 성현서

발행처 체인지업북스
출판등록 2021년 1월 5일 제2021-000003호
주소 경기도 고양시 덕양구 원흥동 705, 306호
전화 02-6956-8977
팩스 02-6499-8977
이메일 change-up20@naver.com
홈페이지 www.changeuplibro.com

ⓒ 오현선, 2025

ISBN 979-11-91378-66-5 (73700)

- 이 책의 내용은 저작권법에 따라 보호받는 저작물이므로, 전부 또는
  일부 내용을 재사용하려면 저작권자와 체인지업의 서면동의를 받아야 합니다.
- 잘못된 책은 구입처에서 바꿔드립니다.
- 책값은 뒤표지에 있습니다.

체인지업북스는 내 삶을 변화시키는 책을 펴냅니다.